U0966102

上海文化发展基金会图书出版专项基金资助项目
社会政策前沿译库

互惠关系与福祉：对社会工作与社会政策的启示

［芬］玛丽塔·托伦宁(Maritta Törrönen)
［英］卡罗尔·芒恩·吉丁斯(Carol Munn-Giddings)　主编
［芬］劳拉·塔尔基艾宁(Laura Tarkiainen)
黄叶青　译

華東理工大學出版社
EAST CHINA UNIVERSITY OF SCIENCE AND TECHNOLOGY PRESS
·上海·

图书在版编目(CIP)数据

互惠关系与福祉：对社会工作与社会政策的启示 / (芬) 玛丽塔·托伦宁，(英) 卡罗尔·芒恩·吉丁斯，(芬) 劳拉·塔尔基艾宁主编；黄叶青译. — 上海：华东理工大学出版社，2023.6
(社会政策前沿译库)
书名原文：Reciprocal Relationships and Well-being：Implications for Social Work and Social Policy
ISBN 978-7-5628-6982-5

Ⅰ.①互… Ⅱ.①玛… ②卡… ③劳… ④黄… Ⅲ.①社会工作—研究②社会福利—福利政策—研究 Ⅳ.①C916.2②C913.7

中国国家版本馆 CIP 数据核字(2023)第 116771 号

Reciprocal Relationships and Well-being：Implications for Social Work and Social Policy, 1st Edition / by Maritta Törrönen, Carol Munn-Giddings, Laura Tarkiainen
ISBN：9780367431068
Copyright © 2018 by Taylor & Francis.

Authorized translation from the English language edition published by Routledge, a member of the Taylor & Francis Group. All rights reserved. 本书原版由 Taylor & Francis 旗下 Routledge 出版公司出版,并经其授权翻译出版。版权所有,侵权必究。

East China University of Science and Technology Press Co., Ltd is authorized to publish and distribute exclusively the Chinese (Simplified Characters) language edition. This edition is authorized for sale throughout Mainland of China. 本书中文简体翻译版权授权由华东理工大学出版社有限公司独家出版。限在中国大陆地区销售。

No part of the publication may be reproduced or distributed by any means or stored in a database or retrieval system without the prior written permission of the publisher. 未经出版者书面许可,不得以任何方式复制或发行本书中的任何部分。

Copies of this book sold without a Taylor & Francis sticker on the cover are unauthorized and illegal. 本书封面贴有 Taylor & Francis 公司防伪标签,无标签者不得销售。
著作权合同登记号:“图字 09-2020-699 号”

策划编辑 / 刘　军
责任编辑 / 牟小林
责任校对 / 祝宇轩
装帧设计 / 王　翔
出版发行 / 华东理工大学出版社有限公司
地址：上海市梅陇路 130 号,200237
电话：021-64250306
网址：www.ecustpress.cn
邮箱：zongbianban@ecustpress.cn
印　　刷 / 上海展强印刷有限公司
开　　本 / 710 mm×1000 mm　1/16
印　　张 / 12.5
字　　数 / 186 千字
版　　次 / 2023 年 6 月第 1 版
印　　次 / 2023 年 6 月第 1 次
定　　价 / 268.00 元

版权所有　侵权必究

社会政策前沿译库

学术委员会（按姓氏笔画排序）

王春光　王思斌　关信平　李迎生
杨发祥　张广利　林　卡　赵德余
徐永祥　彭华民　熊跃根

主　编：何雪松

副主编：范　斌　汪　华

丛书序言

preface

社会政策一直以来被视作西方工业化与现代化的产物。市场作为资源分配的最重要手段，正面临失灵的困境，个人和家庭不得不面对各种风险，而传统的对抗风险的主体，如家庭、教会、互助组织在此过程中也面临变革和不确定性，因此国家干预成为大势所趋，福利国家的扩张与发展成为历史的必然。20世纪70年代以后，社会政策的焦点才开始超越费边福利国家主义的狭隘边界，将市场、家庭、第三部门等其他多元福利提供主体重新带回理论争论中，重新反思福利权利与福利责任、福利多元治理等议题，以及对“国家福利是否值得追求”“为什么要去追求”等更深层次的意识形态问题进行探讨。

20世纪70年代末福利国家危机以来，西方社会政策在实践上已有诸多变革。首先是福利市场化与私有化的改革。曾经的福利国家橱窗——英国在撒切尔政府的带领下逐步开始福利市场化的改革，与强调“管得少的政府是最好的政府”的美国具有不谋而合之处。市场化和私有化理念在世界银行、国际货币基金组织、经济合作与发展组织的推动下被广泛传播，对全球社会政策的改革都产生了深远的影响。然而值得注意的是，大家已不约而同地开始反思福利市场化改革所带来的问题、市场化是否促进了社会政策中关于公平与正义的价值理念。其次是福利国家的类型化不断被打破。哥斯塔·埃斯平-安德森的《福利资本主义的三个世界》把资本主义福利制度划分成三种类型后，不断有新的福利国家类型被提出，比如地中海福利国家类型、东欧转型福利国家类型、东亚福利国家类型等。不同国家的社会政策改革总是具有一定的路径依赖性，同时又被打上时代烙印。而不断涌现的福利国家类型本质上体现了不同国家在福利治理上的因地制宜的实践。最后是社会政策的改革越来越强调对社会政策的评估，即政策实行期间谁受益、谁没有受益、谁应该受益等。这与社会政策这一学科的独特性有关，与其他学科相比，社会政策更关注弱势群体，以及社会公平正义的价值取向。对社会政策的评估反过来可以对更加科学地制定和实施社会政策具有一定的促进作用。

与西方国家相比，我国的社会政策发展在理论和实践上都非常"年轻"。直到 21 世纪初，我国才快速步入了社会政策时代。一方面，这意味着我国社会政策发展面临前所未有的机遇，社会政策既作为社会的稳定器，同时又作为经济发展的助推器，在制度设计、原则确立以及推进方式上进行了多种创新实践。另一方面，也意味着我国社会政策的发展由于基础弱，尚面临诸多难题和挑战。

为推动中国社会政策研究和学科的发展，吸收和借鉴国际最新理论与经验，2015 年年初，华东理工大学社会学系同仁决定引进翻译一批国际社会政策领域的前沿著作。历经多年的努力，这套《社会政策前沿译库》终于付梓。该丛书涉及社会政策理论、全球社会政策治理、环境社会政策、家庭社会政策等领域，涵盖了国际上社会政策各个分支学派的思想与智慧。希望这套丛书的出版能够为推动中国社会政策理论研究与实务发展做出一定的贡献。

何雪松

华东理工大学社会与公共管理学院院长、教授、博士生导师

原著贡献者

contributor

安蒂·卡里斯托(Antti Karisto)是赫尔辛基大学社会科学研究所老年社会学专业的名誉教授,主要研究领域为健康和福祉、社会政策、城市和日常生活。近年来,他主要关注"婴儿潮一代"、退休移民和老年人的生活方式等议题。

伯纳德·巴比克(Bernhard Babic)目前在萨尔茨堡大学担任研究员和讲师。他曾在奥地利国内和国际非政府组织从事研究工作,特别侧重于社会教育学和社会工作方面的研究。他还在德国青少年研究所担任儿童和青年照料的外部评估专家。他是奥地利社会工作学会理事会成员、人类发展与可行能力协会成员。近年来,他主要关注奥地利的青年及其福祉问题。

托马西娜·博克曼(Thomasina Borkman)在从事 32 年的教学和研究工作后,从美国弗吉尼亚州的乔治梅森大学退休,她是该校的名誉教授。1969 年,她毕业于哥伦比亚大学,获得博士学位。此后,她一直专注于自助/互助团体(如为口吃者和酗酒者提供帮助的团体)的研究。她的许多研究成果被公开发表,具有广泛的国际影响力。在 2007—2015 年,她还主编了同行评议期刊——《自助与自我照料国际杂志》(*International Journal of Self Help & Self Care*)。

卡罗尔·芒恩·吉丁斯(Carol Munn Giddings)是英国安格利亚鲁斯金大学教授,研究重点是参与式调查与合作实践。她于 1995 年加入安格利亚鲁斯金大学,并任职于多家卫生服务机构和社会服务机构。她重点关注那些具有直接健康或社会照料经验的公民或公民团体,以及他们如何发展出合适的健康和社会照料服务。她主持并参与了多项相关领域的项目,既包含区域级别的、国家级别的,也包含一些国际资助项目。此外,她还参与了玛丽塔·托伦宁教授领衔的欧盟资助项目。

克莱尔·卡梅伦(Claire Cameron)是伦敦大学学院教育学院的社会教育学方向的教授。20世纪90年代初以来，她一直在该学院从事照料、社会教育学、性别、童工、儿童照顾、幼儿教育和护理等相关议题的研究。目前，她是该学院社会科学专业研究机构——托马斯·科拉姆研究所(Thomas Coram Research Unit)——的副主任。此前，作为一名社会工作者，她从事了多项由英国政府、欧盟和非政府组织资助的关于童工、儿童生活质量的跨国研究。她也是将社会教育学引入英国童工和成年劳动力相关研究的领军人物。

玛丽塔·托伦宁(Maritta Törrönen)是赫尔辛基大学社会工作方向的教授，主要研究领域为互惠理论、全球福利社会、社区、权力关系、日常生活和福利。近年来，她的研究重点是国际社会工作和积极预防性社会工作。

丽塔·沃尔纳宁(Riitta Vornanen)是东芬兰大学社会科学系社会工作方向的教授，也是社会工作研究的项目主任。自2000年以来，她一直为具有资质的社会工作者讲授专业研究生教育课程，包括儿童、青年和家庭社会工作领域。她的主要研究方向为儿童安全和福祉、儿童社会工作、家庭社会工作。

皮尔约·珀尔基(Pirjo Pölkki)是东芬兰大学社会科学系的荣誉退休教授。1999—2015年，她担任儿童福利方向的教授。同时，她也是库奥皮奥大学医院的临床心理学家。她拥有儿童、家庭指导和心理治疗方面的从业资格。她的主要研究领域为预防性儿童照料、儿童保护的过程和结果、儿童的家庭环境。

图拉·海诺宁(Tuula Heinonen)是曼尼托巴大学社会工作系教授，研究领域为跨文化背景的积极老龄化体验、非洲和其他外来移民及其定居、健康和老龄化方面的社会工作、定性研究方法，以及如何在社会工作实践、研究及教育中运用艺术。

劳拉·塔尔基艾宁(Laura Tarkiainen)是赫尔辛基大学社会工作专业博士生，主要研究方向为长期失业、贫困和应得性。

埃维莉娜·海诺(Eveliina Heino)是赫尔辛基大学社会科学学院的博士

研究生,研究领域为家庭、儿童保护、残疾和失业社会工作。

明娜·维斯蒂娜(Minna Veistilä)是社会科学博士、社会工作者、家庭治疗师,研究方向为家庭社会工作、儿童保护。

尼娅姆·奥布莱恩(Niamh O'Brien)是安格利亚鲁斯金大学健康、社会照料和教育学院的高级研究员,研究领域为欺凌行为。同时,她还是都柏林城市大学反欺凌中心的研究员。

蒂娜·穆莱斯(Tina Moules)现已退休,曾任安格利亚鲁斯金大学卫生和社会照料学院的研究中心主任,主要研究方向为儿童照料。

原著序

preface

本书致力于解读互惠这一概念,分析其在福利政策和社会照料实践中的应用,并借此理解互惠行为如何增进公民福祉。公民之间如何互动并创造互惠和福祉呢? 这些公民不仅包括案主,也包括社会工作者、研究者、参与者、教育家、学生等。我们认为,应该对 21 世纪的互惠行为及其背后机制进行透彻的分析。借此机会,也希望这种分析可以激发一些批判性讨论,为个人主义方法提供替代方案,从社区和社会的集体角度解释人类面临的挑战。

本书的主要读者既包括社会工作者和从事社会照料的从业者、研究者及教育家等,又包括社会工作和社会照料相关专业的研究生,以及从事社区工作或制定社会政策的相关工作人员。

本书对当前社会工作实践和社区发展研究的贡献如下：第一,本书作者来自多个学科(社会工作、社会政策、心理学、社会学、教育学、社会教育学和社区发展),大都对互惠这一主题进行跨学科研究持积极态度。第二,虽然本书主要介绍西方国家的经验,但它包含多种国际视角,促进了所述学科的发展。第三,本书将促进创新的方法论和教育实践的发展,这对采用创造性和参与性方法的研究人员和教育工作者具有更广泛的吸引力。

重要的是,我们认为在可预见的未来,互惠这一议题可能仍然非常重要。关于互惠关系的讨论一直是政治和专业议程上的重要议题。

我们希望你喜欢读这本书。

玛丽塔 · 托伦宁

卡罗尔 · 芒恩 · 吉丁斯

劳拉 · 塔尔基艾宁

原著致谢

acknowledgements

撰写本书的想法是在“互惠关系和日常生活关键时期的福祉建设”项目开展期间萌生的。该项目由芬兰科学院提供资助(2012—2016 年)。之后,在“遇见互惠——年轻人离开照料”项目中,本书的内容不断充实。该项目获得了欧盟玛丽亚·斯克沃多夫斯卡·居里奖学金的资助(2016—2018),促成了芬兰赫尔辛基大学与英国安格利亚鲁斯金大学展开合作。我们要感谢芬兰科学院对于互惠理论的拓展和分主题的实证研究的支持。感谢欧盟的奖学金和支持,使我们能够拓宽互惠相关理论和实证研究的国际视野。感谢赫尔辛基大学和安格利亚鲁斯金大学支持我们开始构思并成功完成这本书,非常感谢你们给我们这个机会。

我们还要感谢所有多年来参与该书写作的作者们。2014 年,我们中的一半人在意大利博尔扎诺举行的欧洲社会工作研究会议上相遇。我们邀请很多人参与本书的编写工作,后来有不少人真的参与了。我们很高兴你们的加入,你们为这本书贡献了宝贵的智慧。这是一个密集型写作和反复修改的过程。

感谢梅勒妮·博伊斯(Melanie Boyce)博士对本书内容和形式方面做出的贡献,以及她对写作过程的支持和鼓励。

感谢对本书的内容进行批判性点评的专家,感谢理查德·温特(Richard Winter)教授、戴夫·巴克维思(Dave Backwith)博士、保拉·索比乔夫斯卡(Paula Sobiechowska)博士、杰弗里·格里森(Jeffrey Grierson)教授和蔡元盖(Choi Won-guy)教授所做的宝贵工作。他们所提的建议进一步充实了各章的内容。

感谢劳特利奇和泰勒·弗朗西斯出版社出版本书,为社会工作和社会政策方面的世界各国读者带来知识。我们很高兴与艾米丽·布里格斯（Emily Briggs）一道开始这本书的出版和制作工作。艾米丽在劳特利奇和泰勒 & 弗朗西斯出版社从事科学研究、社会学、犯罪学、卫生和社会照料等相关内容的主编工作，与香农·克尼斯（Shannon Kneis）、克莱尔·贾维斯（Claire Jarvis）和乔治亚·普里斯特利（Georgia Priestley）共同负责本书的出版工作。我们还要感谢杰夫·芒恩·吉丁斯（Jeff Munn Giddings）对书中某些章节的精心编辑。对于本书的制作阶段，我们要感谢项目经理亚历山德拉·安德列耶维奇（Alexandra Andrejevich）和文字编辑艾琳·阿拉塔（Erin Arata）。

我们很开心这本书能出版，我们很高兴把它送给你们——我们的读者。希望你们能在自己的实践中进一步传递互惠的思想。

玛丽塔·托伦宁

卡罗尔·芒恩·吉丁斯

劳拉·塔尔基艾宁

前　言

introduction

有人在公开讨论中认为，自 20 世纪中叶以来，西方国家的人类活动经历了日益被孤立、集体主义不断被削弱的过程。个人主义和新自由主义对治理的影响不断增强，这与越来越多的社会不安全感有关。方方面面的社会变革（包括强化自给自足的观念、不断强调相互照顾的义务）正在发生，而公共福利服务的支持却在不断减少。与这一发展趋势相反，不少学术论点认为，相比福利服务减少的社会，国家对福利的公共支出对提升公民福祉具有重要意义。不少研究表明，那些最有可能受到社会排斥的人群，在失去集体主义服务保护的同时，也没有其他途径或方式来满足自身需要。因此，我们依然应该寻求集体而非个人的解决方案，以应对日益严重的不平等问题（Wilkinson and Pickett, 2009）。

然而，新自由主义下的某些风险无意中为重新平衡公民和专业人士之间的权力关系提供了契机。如果从最具建设性的意义上讲，虽然个人的专业知识应该被予以重视，但这可能被视为挑战了专家的权威，因为大多数情况下，人类的需要是由专家来定义的。虽然认可个人具有专业知识会遭到专业人士反对，被指责破坏了传统的专业知识概念，但它提供了将经验知识视为专业知识的可能性。比如，那些长期在健康或社会照料领域具有丰富经验的个体，他们具有的护理知识和经验可以被视为专业知识（Ruch et al., 2010）。同时，这场争论可能会鼓励专业人士更仔细地考虑如何与人互动，以体现他们的专业性。

尽管互惠这一概念被用于各种学科，如经济学、道德哲学、精神病学、人类学、社会学、心理学和社会心理学，但它对社会工作和社会政策实践的影响还有待探索。在本书中，我们旨在通过对互惠性进行有力的实证和理论分析，进一步理解社会科学中的普遍概念，以及在社会政策和社会工作中的具体概念。来自不同国家和实践领域的作者为我们提供了多种理解互惠的方法，无论是在理论上还是在实践中，对我们都大有裨益。

人们对自身福祉的理解是社会工作和社会政策的起点（Jordan, 2007）。皮埃尔·布迪厄（Pierre Bourdieu, 2000：19）提出了关于人的一个重要观察——存在。当一个人寻求生命意义时，为他人而存在是最重要的。个人的参与意识、参与重要活动或团体的机会，被视为提升人类福祉的关键因素。因此，即便个人被视为能够行动和代理的主体，这本书也阐明了个体之间的互惠是如何在集体中得以建立的。通过分析互惠关系，我们揭示了大多数挑战。虽然这些挑战可能被视为个人问题，但实际上它们大多与其他人、社区和福利制度有关。

主题和目标

我们的主要目标是通过讨论和解决关键的实践主题，阐明在社会政策、社会工作或社会照料领域中，所有参与政策制定、实施的利益相关者，以及从事相关研究和教育的专业人士之间是如何开展集体和共享行动的。例如：

- 互惠为案主和专业人士提供了哪些独特的好处？
- 我们可以从案主自己组织的社区集体行动中学到什么？
- 考虑到社会工作和社会政策中的专业人士与案主之间的等级关系，互惠是否普遍可行？
- 专业主义是否与案主的生活经验存在差距？专业人士和案主的关系是否应该被重新定义？
- 我们是否需要一种新的、互惠的、更关心他人的精神？

在思考上述问题时，本书的作者不断强调我们的目标不是发展互惠关系去替代专业服务，而是将其视为一种有益补充，通过学习并促进互惠关系，进而探索如何促进和重构社会政策和社会工作的发展。

本书致力于在方法和实践层面上，帮助政治家和实践者厘清福利政策的行动目标、实践和局限性，更好地支持案主发挥主观能动性以采取行动。虽然本书的重点是探讨西方民主国家的实践和发展，但作者们来自英国、奥地利、美国等不同的国家，代表了不同的社会背景，并将借鉴其他国家的文献和数据，在书中增加关于如何理解互惠和实践互惠的不同元素。

本书分为三个部分，通过多个案例来阐述互惠对政策和实践发展的重要性。下面，我们对每个部分进行总结，然后概述具体章节的内容。

第一部分　互惠：理论与概念

第一部分围绕互惠这一概念展开讨论，以增进我们对互惠的理解。研究互惠能进一步丰富关于国际社会福利的研究。在国际社会福利研究中，人们关注福祉和团结（参见 Becker，1990；Bruni，2008；Ostrom and Walker，2003）。我们同意社会性和社会互惠的个人体验对个人具有深刻的本体论意义，是创造福祉的最重要因素之一。为了从公民导向的角度充分理解如何创造福祉并使之持续，我们需要对互惠体验是如何产生的这一论题进行理论分析。通过从理论上分析互惠，我们希望澄清集体行动和共享行动的含义，并进一步探讨社会科学，特别是社会工作和社会政策对这一概念的理解。

第一章探讨了社会和社会互惠在创造福祉中的作用。然而，令人困惑的是，关于公共领域中的福祉存在着几种相互竞争的论述，而互惠的意义在它们之间又有所不同。首先，本章讨论了这种概念上的混乱。然后，通过关注人际关系和日常社会交往、关怀和代际关系等主题，阐明了互惠在创造福祉中的作用。

第二章讨论了与福祉、福利相关的互惠关系。其基本思想是，个人、社区甚至社会之间存在互惠关系。这些关系中的福祉和福利可以被描述为如何平等地分享资源、如何获得尊重，以及人们如何真正做出选择。这些问题是由互惠的实践、象征和道德层面构成的。本章阐明了社会承诺的重要性，以及从个人主义服务向社区层面赋权转变的必要性。

第三章从互惠的一些基本问题开始，指出社会工作不可避免地需要一个指导性概念，即在这一活动领域应该实现什么。本章引入能力视角，将其对福祉的理解作为一个规范性框架，并讨论其对社会工作操作性的影响。我们认为，如果不反映工作领域的规范方向，就无法充分评估社会工作互惠的意义和信息价值。

第二部分　实践和社区环境中的互惠

第二部分探讨了公民在生活、健康等方面遭遇不利情况时，互惠关系的重要性。第四章和第五章阐明了在群体互惠行为中，给予和接受的核心特征，重点介绍了如何通过调动替代身份和正常感改善同伴关系，以增进团体成员福祉，并围绕职责和义务辨明各种挑战。在更广泛的层面上，这两章也揭示了在社会工作实践和政策中，理解和认识同伴、团体和网络关系在福利领域中的独特作用的重要性。

第六章和第七章重点讨论了在儿童福利环境中，互惠得以促成的主要因素及其障碍。互惠与互助、交换等关联。然而，社会工作所处的工作情境，如居家环境中，等级权力关系依然在风险评估中比较突出。关于风险的论述强化了责任和能力的等级制度，侧重于“安全”，但忽视了核心关系在帮助人们成长和发展方面的重要性。这部分讨论了社会工作者与案主之间互惠的可能性，着眼于在权力不平等的情况下互惠的可能性。

第二部分总共有四章，主要内容如下：

第四章介绍了社区社会支持网络发展最快的形式之一——互助团体。它由生活经历相似的人进行领导和管理。在互助团体中，存在三种独特的互惠关系形式：第一种，在互助团体分享过程中，同龄人分享他们的经验并倾听其他同龄人的经验；第二种，互助团体的组织层面；第三种，围绕互助团体发展出的特殊关系网络。本章最后总结了互惠和集体公民代理中的经验和教训。

第五章讨论了专业人士领导的支持小组。在这些小组中，可以重新进行案主与专业人士的自我分类。互惠帮助过程可以调动替代性的自我分类，通过这一过程，社会工作者可以帮助案主重塑自己，远离各种福利领域中被污名化地分类。本章利用了来自案主和专业人士在支持小组中的经验访谈数据,旨在提高芬兰长期失业案主的日常福祉。分析的重点是修订后的案主和职业自我分类。根据分析结果,确定了五个类别:积极生活的改变者、支持者、同样遭遇者、职业成长者和旁观者。

第六章通过对来自丹麦、佛兰德斯地区、德国和英国的访谈数据进行分析,检视了专业照护人员与儿童之间的关系,探讨了在儿童照护中互惠关系发展的潜力。在讨论寄宿照料环境中存在的风险之前,作者分析了四种类型的关系。互惠具有双向交换的特征,是维持有意义的关系和进行关系修复的基础,很少涉及工具性目的。风险和风险评估的衔接成为英国寄宿照料中发展互惠关系的障碍。阿克塞尔·霍耐特(Axel Honneth, 1995)提出了接纳这一概念,希望将年轻人的参与纳入照料关系中,在对寄宿照料中的关系进行概念化时,认为其比互惠更具前景。

第七章从基于关系的方法角度讨论了互惠。此前,互惠这一概念在儿童福利研究中没有获得广泛讨论。因此,互惠提供了一种理解社会工作者、父母和孩子之间的关系、参与度和权力地位的可能性。这一概念的核心在于关注亲子关系的本质和质量。社会工作者在工作过程中可能需要干预一些敏感的私人家庭关系,其工作的基础是如何理解这些关系。理解儿童如何在互惠和安全的关系中成长,需要对互惠的起源和发展进行了解。儿童福利工作既需要处理人际关系,也需要在人际关系中工作。互惠的概念加强了对关系意义的理解,以及归属感和接纳在儿童福利中的重要性。

第三部分　互惠:方法和教育议题

第三部分探讨了互惠和参与式方法在研究和教育实践中的重要性。这些活动是社会工作政策和实践发展的基础。这一部分重点介绍了如何将双向性、相互关怀、互惠性和有意义的关系融入社会工作中,从而形成有效的反思方法。虽然这部分涵盖的范围和问题很广,但其目的在于探讨研究者和研究对象之间看似不对等的关系中蕴含的互惠潜力。

第三部分总共有四章,主要内容如下:

第八章重点讨论了研究生与导师之间的互惠关系。通过将自我反思、共享过程引入学术指导中，学生和导师之间产生了互惠关系。尼古拉·西蒙斯和肖娜·戴利（Nicola Simmons and Shauna Daley, 2013）将创作过程视为最高层次的思考，让研究生和导师一起进行拼贴画创作。在这一练习中，学生通过绘画和简短的叙述，帮助参与者"走出困境"并"用新的眼睛来看待事物"。作为回报，作者为学生们制作了一件回应艺术作品（Fish, 2008），这让他们分享了见解，并更有效地加强了师生关系。

第九章主要关注访谈研究中叙事反思的交互要素。作者将交互要素定义为叙事反思的一部分，以促进研究者和受访者之间的公平。研究数据包括对居住在芬兰的俄罗斯家庭进行的 25 次初步访谈和 9 次后续访谈。分析的重点是访谈的结构，以及研究者和受访者之间的互动。这项研究确定了三个相互作用的要素：创造共同的理解、参与和认可。

第十章探讨了在一个由一名成熟研究者和五名年轻研究者组成的参与式行动项目中，如何评估个人和集体对项目参与的看法。参与式行动研究要求必须不间断地进行信息共享、反思和行动。对参与情况进行三次评估，使团队进一步反思参与者与研究者互惠关系的发展。这项研究认为，参与是流动的、动态的。此外，认识到权力可以在研究者之间共享，这对研究互惠关系至关重要。

第十一章是对全书的总结。

参考文献[①]

Becker, L. C., 1990. *Reciprocity*. London: Routledge & Kegan Paul.
Bourdieu, P., 2000. *Pascalian Meditations*. Stanford: Stanford University Press.
Bruni, L., 2008. *Reciprocity, Altruism and the Civil Society. In Praise of Heterogeneity*. London and New York: Routledge.
Fish, B., 2008. Formative Evaluation Research of Arts-Based Supervision in Art Therapy Training. *Journal of the Art Therapy Association*, 25 (2), 70–77.
Honneth, A. 1995. *The Struggle for Recognition: The Moral Grammar of Social Conflicts*. Cambridge: Polity Press.
Jordan, B., 2007. *Social Work and Wellbeing*. Dorset: Russell House Publishing.

① 为方便读者查阅，本书按英文原版复制参考文献。

Ostrom, E., and Walker, J., 2003. *Trust and Reciprocity. Interdisciplinary Lessons from Experimental Research.* New York: Russel Sage Foundation.
Ruch, G., Turney, D., and Ward, A., 2010. *Relationship-Based Social Work: Getting to the Heart of Practice.* London: Jessica Kingsley.
Simmons, N., and Daley, S., 2013. The Art of Thinking: Using Collage to Stimulate Scholarly Work. *Canadian Journal of the Scholarship of Teaching and Learning*, 4 (1), 1–11.
Wilkinson, R., and Pickett, K., 2009. *The Spirit Level: Why More Equal Societies Almost Always Do Better.* London: Allen Lane.

目　录

contents

第一部分　互惠：理论与概念

第二部分　实践和社区环境中的互惠

第三部分　互惠：方法和教育议题

第一部分　互惠：理论与概念

第一章　互惠和福祉

安蒂·卡里斯托

引　言

> 每一份礼物都是互惠体系的一部分，在此体系中，施惠者和受惠者彼此成就。这一整套体系中，所有的精神或物质财富都与社区的所有人密不可分。这个系统相当简单：只需规定每件礼物都必须以某种特定的方式归还，就可以建立一个大家都可以感知的交换循环。在某些情况下，当回报相等时，社会地位体系的稳定就能得以维持。在另一些情况下，回报物的价值可能必须超过先前收到的礼物的价值，由此就会产生一场类似竞争的比赛。整个社会的运转可以通过礼物的交换来描述，礼物的交换反映了社会成员之间承担的所有义务。礼物的循环制度构成了社会。
>
> （Douglas，1990：viii－ix）

玛丽·道格拉斯（Mary Douglas）的论述反映了本章的观点。本章中，我将从福祉的角度探讨互惠的本质。首先，我将从一段个人回忆开始。25年前，我在参观布里斯托大学资助建立的高级城市研究院时，发现那里的研究者每个周末都有去酒吧的习惯，而且有轮流请客的传统。我们一行大约有十个人，每每我猜测什么时候轮到我请客时，我就有些焦躁不安。我为什么要为这么多人——况且其中很多人我根本不认识——的酒水买单？我纠结着也许下周五或下下周五就轮到我买单了，或者我应该现在就去买单，省得别人以为我是那种很爱占便宜的人。

于是我决定抛出轮流请客的话题，请他们跟我解释游戏规则。实际上，谁在何时花费了多少并没有任何书面记录，你只需相信每个人都会或多或少遵守互惠的原则。如果某个周五你的花销真的很高，那么接下来的许多个周五你都可以免费喝酒。所以从长远来看，一切都会公平公正。作为一名临时客人，我不用买单。当我跟这群城市社会学家讲述芬兰的酒吧文化时，他们显然惊呆了。在芬兰，大家一起饮酒时，每个人都各自买单，或者在最后把账单算好，大家一起清账。

这段酒吧经历让我思虑良多，我禁不住思考“给予”与“互惠”之间的关系。给予可以是空洞的，互惠也可能是虚假的。如果账单马上就被支付，那么支付的问题就被转移到下次轮到谁。如此机械的互惠，酒水当然会一直都有，但真正让生活甜蜜的那种互惠似乎还需要别的内容，比如，无私奉献的意愿、自发的宽广胸怀、对形势的机智理解和对美好生活本质的欣赏。

在本章中，我将探讨互惠的本质和其在创造福祉中的重要性。我首先观察了日常社会交往中的文化差异，然后再解释概念。如果互惠是一个很难理解的概念，那么福祉同样也是。令人感到困惑的是，关于福祉的论述有好几种说法，而互惠的意义在它们之间是不同的。在本章，我将特别考察人际关系中的福祉，因为互惠的定义与之非常相关。我还将研究社会政策和社会工作中出现的“普遍互惠”，以及老年和儿孙们之间的互惠关系。当我们老了，我们会特别依赖彼此，我们福祉的可持续性需要一种“代际智慧”的社会政策。

文化界定的互惠形式

作为一名芬兰人，我习惯了在日常往来中进行简短生硬的语言交流。正如小说中描述的：

> 对于其他国家语言表达中各种不必要的短语和礼貌，芬兰人经常感到烦恼，他们认为这些语言让人感觉尴尬、难以表达，并不解其真实意图。芬兰人通常用最简单和最明确的方式说出来，然后等待对方回答。如果没有什么可说的，我们就会沉默。
>
> (Raittila, 2001: 40)

我们经常沉默。语言学家把沉默和不礼貌视为芬兰人的典型特征。我们回应公开的粗鲁,但我们并不期望语言表达特别有礼貌(Jaakkola, 2008: 113 - 115)。理查德·森尼特(Richard Sennett, 2003)认为,现代社会的普遍特征包括礼貌和尊重。芬兰人在这方面是否真的缺乏?芬兰人当然会说"谢谢",但芬兰人的语言或思想中缺乏明确与礼貌对等的常见表达,缺少一个与"请"对应的词。当然,我们有"ole hyvä""olkaa hyvä"(字面意思是很好)这样的短语,但是使用它们已经是一种努力:你需要使用两个词,并选择要使用正式或非正式的表达。或许正因如此,这些词在许多其他语言中的使用远不及能快速传递含义的词(Karisto, 2010: 74 - 77)。比如,在芬兰语中,说完"kiitos"(谢谢)似乎就意味着要终止对话了。你可以用"eipäkestä"(没问题)或者"minun puolellani"(我的荣幸)来回答,但这些短语的语气是一样的,即我们已经非常感谢了!义务式的话语往往像是在背诵,但互惠应该并不仅是如此。

芬兰被视为一个低语境文化的国家,人们通常会尽量做所谓的一级描述,即对事物保持"原样"的描述,让语言与对象之间的关系毫不含糊。不同的是,二级描述或高语境文化下的描述与其说是在描述事实,倒不如说是在描述与现实相关的其他话语(Daun, 1989; Baudrillard, 1991; Alapuro, 1997: 184 - 186)。

以上这些低语境或高语境、一级或二级划分是一种泛化的类型学,可能会夸大文化差异。我们没有理由认为芬兰文化一定缺乏互惠,也没有理由认为芬兰的礼仪比其他国家的礼仪更粗俗。然而,虽然对礼貌的培养的确在其他国家更受重视,但也没有证据说明社会交往在那些国家就更暖心。有些英国人很有礼貌,但也有些英国人不太可能像在布里斯托尔酒吧中看到的那样心胸开阔、慷慨大方。反而是在东方文化中(Said, 2011),互惠经常被视作生活的一部分。例如,仁慈和具有同情心被认为在一些东方国家的生活方式中非常重要。在各种场合都要送礼,即使你并不认识同事的女儿,但如果她要结婚了,你也得准备一份礼物。礼尚往来很普遍,但是回礼有规矩,同时还得经过得体考虑才行。回送的礼物既不能太不起眼,也不能太奢侈,有时候需要与收到的礼物价值相等。甚至有时候人们在送礼时不得不保留书面记录,了解其具体的货币价值(Davies and Ikeno, 2002: 238 -

239）。但是，与真正的互惠对比，这种由某种规范驱动、精于计算的互惠难道不更像是一种义务吗（Becker，1986：73－74）？

虽然互惠的形式在文化上一般是具体的，很难按顺序排列，但它也是具有可塑性的。近几年，芬兰语言不断扩充、丰富，其中也包括对互惠的一些表达。从事服务业的新生代员工吸收了很多国外的做法，酒吧中的年轻人跟我那个年代已经相去甚远了。

有机互惠，而非机械式互惠

增进幸福感的互惠关系不一定是那种富有表现力、热情洋溢的；相反，这种互惠关系可以很“芬兰式”，并不需要情节。在某种程度上，互惠还必须是有机的、富有弹性的。互惠包括给予，甚至是没有立刻获得回报的给予。互惠必须经过一段时间才能实现，并不是马上就要发生。它更像一种特质，一种愿意帮助他人的特质。如同友谊的核心就是愿意伸出援助之手一样，我们有愿意帮忙的朋友，但并不代表我们真的会向他们求助，也不代表他们总是可以帮助我们。现代意义上的友谊实际上是一种没有约束关系的义务（Pahl，2000：37）。热情好客是互惠互利和追求美好生活的另一种模式。例如，分享食物就是要不断给予。这种“给予、接受、回报”的模式是一个开放的过程，当然，在这个过程中也存在不平衡的时候（Boisvert and Heldke，2016：51）。

在社会互动中发生的互惠关系，必须有情境敏感性的空间（Naukkarinen，2011）。人们若收到未曾想到的东西，或是通过某种没有想到的途径获得东西，就会自然流露出惊喜。

然而，即使是完全如预期的机械式互惠，或者“交替互惠”（Serge-Christophe Kolm，2000：14），也具备一定功能。这种机械式互惠可以让人们表现得更友好而不是厌世，同时还能维持一种群体感。但是，机械式互惠并不是福祉的最终源泉，也不单单是避免不礼貌。在社会政策与社会工作中，福祉与福利经常被混为一谈。在芬兰语中，“hyvinvointi”一词可以用来描述一个人的美好生活，也可以描述福利国家生产的商品，或者其他任何形式的放纵带来的暂时满足，因此也容易被混淆。现实中，福祉有多种形式，芬兰社会学家埃里克·阿拉特(Erik Allardt, 1976)认为福祉有三种形式:拥有、爱和存在。

多种形式的福祉

并非所有的回馈都是好的,回馈也可能是因报复而起。我关注的互惠更多的是对彼此的好,但有哪些好呢? 福祉跟互惠一样,是一个多维度、具有不确定性的概念。人们对美好生活的本质已经思考了上千年,也经常强调福祉的多样性,但在公共话语体系中,福祉基本上被理解为拥有,如一个人拥有的物质财富。很多人都认为福祉是嵌入在经济中的,当经济自由运转时,福祉就应运而生。经济的福祉是一个绝对首要的问题,因为经济的发展会为个人带来福祉。

对福祉的解释中,经济学一直占据主导地位,但经济学的观点并非唯一观点。关于福祉的争论有好几种,互惠对福祉的影响也各不相同。对倡导健康的人来说,福祉首先意味着健康的身体。在社会政策中,福祉来源于福利国家制度,以及对贫困等其他社会问题的处理,从底线上看是安全保障。从生态学的角度看,可持续发展是福祉的重要前提。福祉被广泛讨论,但每个人理解的方式都各不相同。政治家和其他行动家很喜欢使用它,因为它如此神奇,可以让他们对特定利益的追求迅速变得合法(Karisto, 2010: 15 - 19)。

互惠对经济意义上的福祉影响深远(如 Gérard-Varet et al., 2000; Gintis, 2000a;2000b),甚至发展出博弈论。在讨论纯市场经济的替代方案时,关于互惠的研究主题扩展到了照护经济、社会企业、企业社会责任、小额信贷金融、公平贸易实践和时间银行等方面,通过交换时间和为他人提供服务等方式实现互惠,并不涉及货币交易(Bruni, 2008; Koskiaho, 2014; Hirvillammi, 2015)。

社会学、心理学、人类学和道德哲学中对互惠的讨论更为广泛。在这些学科中,互惠和经济交换被视为两种不同的,甚至相互排斥的交换原则(Polanyi, 2001: 47; Kujala and Danielsbacka, 2015: 20 - 21,39 - 43)。例如,瑞典社会学家斯滕·约翰逊(Sten Johansson, 1979: 101 - 103)警告说,不要混淆私人生活和经济生活的规则,也不要混淆政治和经济领域的规则,否则会导致“腐败”；不要混淆政治和私人生活的规则，否则会导致“裙带关系”。根据尼克拉斯·卢曼（Niklas Luhmann）所说，社会子系统——经济、政治、福利国家、科学、艺术、媒体等——是自我生成的，即自我参照。虽然它们之间存在互动，但都有自己的沟通方式、自己的“媒介”和自己的“代码”（Jalava and Kangas，2013）。如果一个子系统的媒介在另一个子系统中占主导地位，结果就会很糟糕，比如，腐败就是“金钱万能”的后果之一。

阿拉特（1976）认为，福祉的三种形式中，爱可能比其他形式更接近互惠，而且是基于人际关系创造的福祉之一。在伙伴或友谊关系中，如果支持和情感仅从一个方向流向另一个方向，那最终一定会失败。因此，家庭和朋友之间的社会交换有时被视为唯一真正的互惠（参见 Kolm，2000a：28；Bruni，2008：12）。福祉有时会强烈受到社会互动中互惠的影响，比如，我们是否获得爱、是否给予爱，以及我们如何珍惜和对待彼此。在人们对自己福祉的解释中，人际关系和健康被视为最重要的因素（参见 Haapola et al，2013：84）。

福祉在不同的维度上以不同的方式积累。在追逐物质财富时，福祉尽管会增加，但一定是以牺牲他人利益为代价的，因为特定时间内的财富总量是一定的。建立在人际关系基础上的福祉，即使是对他人给予，自己的福祉并不会减少。相反，享有最大幸福的人是那些对他们最亲近的人的福祉怀有善意的人（Sortheix，2014）。

福祉的形式各异，与互惠的关系也各异。例如，健康状况不佳是一种不利因素（Wolff and De Shalit，2007），当健康丧失时，其他形式的福祉也可能会丧失。即便一个人健康状况良好，也不一定会增加其他形式的福祉。相反，良好的人际关系和互惠关系可以促进其他形式的福祉，防止它们因受损而产生过多负面影响。根据阿尔文·W.古尔德纳（Alvin W. Gouldner，1960）的观点，互惠也可能在群体整合的早期阶段促进合作，例如，刚进入本国的移民和本国国民之间的互动（Manatschal，2015：43）。

对互惠的需求

除了温暖的人类情感，冷静的智力也是相互作用的。根据瑞典散文家霍勒斯·恩达尔(Horace Engdahl, 2013: 33)的说法,智力的标准不在于说深奥东西的能力,而在于倾听能力。智力需要两个大脑,它们相互作用。

正是通过互惠,我们才能在世界上找到自己的位置(Thompson, 2013: 39)。我们的身份建立在与他人的社会互动,以及我们通过他人的眼睛看世界的基础上。马丁·布伯(Martin Buber, 1999: 52)写道:"通过你,一个人才变成了我。"伊曼努尔·列维纳斯(Emmanuel Levinas)也提醒我们,对自己的忠诚包括对他人的一种责任感(参见 Sennett, 1999: 145)。

互惠对个人和社区都是有好处的,它促进了人际关系,增进了信任,扩展了文化和社会资本。然而,它并不是幸福的自动分发器。玛莎·努斯鲍姆(Martha Nussbaum, 2001,见 Bruni, 2008: 8-9)既强调了友谊、爱情和其他"关系商品"(relational goods)的重要性,也谈到了它们的脆弱性。人际关系中的互惠从来都是不确定的。相反,与人际关系相关的幸福是不稳定的,建立在互惠基础上的良性循环很容易被打破。根据弗朗西斯科·阿尔贝罗尼(Francesco Alberoni, 1989)的说法,在坠入爱河的人的意识中只有新的关系,这种幸福感的来源是完全取之不尽的。然而,坠入爱河所产生的狂喜通常只是短暂的。如果一切顺利,恋人之间的激情慢慢会归于平淡,进而升华成相濡以沫的情感;但对不幸的人来说,爱情蒸发了,甚至变成了它的反面——仇恨。

基于"拥有"的福祉存在一个问题,那就是我们永远不会满足。一次成功的购买只会带来短暂的兴奋,物质上的福祉似乎永远不够。然而在互惠中也存在类似的"不可能实现的目标"(Ehrnrooth, 1995)。当我们越需要互惠,我们就越难完全实现它。

在互惠伦理中,一个著名的理想类型是爱——纯粹的利他主义的爱。这种爱是"充满耐心和善良的,不嫉妒也不吹嘘,不傲慢也不粗鲁,不固执,既不易怒也不怨恨,不为错误而高兴"。然而,这种"包容一切、相信一切、希望一切、忍受一切"的爱似乎超越了日常生活中的那种互惠(Bruni, 2008: 50)。待人如己所愿是道德的金科玉律,但在实践中我们从来没有意识到这一点。遵守这一伟大的准则还是必要的。尽管我们被迫在现实生活的框架内生活,但道德准则和"希望原则"对行为是有约束的(参见 Ehrnrooth,

2014)。追求“不可能实现的目标”据说是生活在西方国家的人们所做的一种独特的努力(Ehrnrooth, 1995：34－50)，但在其他文化中，社交伦理法则及其变化是很重要的(Thompson, 2013：35)。这也证明了互惠的普遍价值。

在道德哲学中，社交伦理法则有许多不同形式。康德(Kant)的无条件道德律令要求我们为他人着想，并以这样的方式行动。“脸面”是列维纳斯(1996)使用的一个中心隐喻，当我们面对另一个人时，即使他是陌生人，我们也应该准备好为他承担责任。布伯(1999)也提到了类似的第二人称的“你”，这与客观化的人际关系中的“他”完全不同。根据布伯(1999：34)的观点，我们应该生活在“你”的世界里，珍惜“我”和“你”的关系，这样才能实现无私互惠的目标：“在我和你之间，不刻意、不要求、不期待”。

一些与互惠相关的道德准则可以作为实现福祉的指南针：它们既为我们指明了奋斗的方向，又为我们提供了奋斗的力量。社会工作的先驱简·亚当斯(Jane Addams)是一位鼓舞人心的人，一直让人有一种相互依赖的感觉(Boisvert and Heldke, 2016：59－65)。亚当斯创立的赫尔馆(Hull House)是移民安置地，坚守三条伦理原则：以身作则、实践合作、实践社会民主，即跨越阶层的平等或民主的社会关系(Knight, 2005：182)。在实践中，赫尔馆为那些与亚当斯成长环境截然不同的人提供了一整套社会服务，以及文化、娱乐和教育活动(Boisvert and Heldke, 2016：63)。

互惠的局限性

社会学和人类学更侧重于描述公共生活中出现的互惠和团结的具体形式，而不是它们在理想世界中的道德要求或道德内容。令人欣慰的是，在实践中，人们并不总是只考虑眼前的利益。互惠所包含的同情心、慷慨和奉献存在于每个社会。即使在现代社会，人们也不赞同极端个人主义倾向——为了追求个人利益而践踏他人利益。

然而，马塞尔·莫斯(Marcel Mauss, 1999)认为，送礼者送出礼物时一般也会期望对方回赠礼物。我们甚至在慷慨方面也在竞争：感激之情也是一种债务。在最亲密的人际关系中，即使帮助他人可能会牺牲个人利益，与他人互动仍会受利他主义的驱动。在这种亲密关系之外，给予的一个先决条件是它值得或者具有成本效益。简单来说，如果帮助他人的成本“小于期望回报服务的收益乘以对方接受服务的概率”，那么帮助他人是值得的（Danielsbacka, 2013：31）。

根据进化心理学家的说法，是否愿意伸出援助之手是由基因决定的，但它更容易指向对我们亲近的人。在实践中，同理圈究竟延伸至多远，取决于文化环境（Pinker, 2011：668；Danielsbacka, 2013：30）。它通常包括家庭成员，他们几乎可以无条件地获得帮助。相比之下，是否帮助朋友则取决于关系的亲疏等。利他主义的给予毕竟是例外，但纯粹追求个人利益也是例外。最常见的是，我们在这两个极端之间行动（Kolm, 2000b：115）。

同理圈内是“我们”，不包括“他们”或“其他人”。难怪森尼特（1999：136－139）把“我们”当作危险的词。“我们”一词的使用，巩固了“我们”的同理圈，并形成了内部群体意识。如果同理和互惠是遗传基因决定的，那么“我们”和“他们”的二元对立也是遗传的，这种对立会以“我们”的名义再现。

在讨论“性格的侵蚀”时，森尼特（1999）提到互惠正在社会变迁中被削弱。在新自由主义的资本主义背景下，人们被迫采取个人主义的柔性策略，对互惠不再持忠诚的态度。据森尼特的说法，性格中没有移情能力将变得更普遍。克里斯托弗·拉什（Christopher Lasch, 1979）在分析自恋文化时、格奥尔格·齐美尔（Georg Simmel, 2005：33－36）在描述现代都市社会中成长起来的人们所保留的习惯时，都详细描述过这一点。在大都市里，我们根本不可能遇到人格完整的人。我们无法直视他们的脸，无法介入他们所有可能的痛苦和麻烦中——至少在发现自己处于“完全无法忍受的精神状态”的情况下是无法做到的（Simmel, 2005：35）。我们学会了与他人擦肩而过。

现代社会的团结形式主要是消极团结，表现为不干涉他人的事务（Kortteinen, 1982：251－252）。这种团结形式当然也可以被看成某种互惠，即别人也不要干涉我的事务。虽然互不干涉和相互保持距离是必要的，有时甚至是机智的表现，但是它们不应该变成美德。相反，消极团结很容易使我们认为其他人根本不存在：我们不伤害他们，但也不尊重他们；他们只是被忽视。那些处于同理圈边缘或外部的人会被忽视、被抛弃。齐美尔(2005：35)认为这种漠不关心是对个人自由的保障，但也指出冷漠或漠不关心可能在瞬间“激发仇恨和战斗”。布伯(1999：34)明确了积极团结和消极团结之间的关系，他认为，一个人必须生活在这个世界上，但“独自生活在这个世界上的人不是一个人”。

福利国家互惠

越来越多的人呼吁人们应该互相照顾，而不是把这种照顾甩给福利国家。然而，在家庭和本地社区，很难想象还存在完全未开发的、处于休眠状态的互惠资源。那些支持个人解决或鼓吹“隐性家庭主义”的人是不现实的(Leitner, 2003)。因为道德责任的圈子不能延伸到非常远的地方，并非所有问题的解决都可以依靠个人行为。如果我们不能正视其他人，那么其他人的需求就应该通过社会政策和社会工作来解决。互惠可以产生福祉，但互惠并不仅仅是个人之间的互动；相反，社会生活和社会政策从根本上来说是一个有关互惠的问题(Kolm, 2000a：16；Bruni, 2008：ix - xii)。

理查德·蒂特玛斯(Richard Titmuss, 1970)列举的关于一般或间接互惠的著名例子是献血。献血者不期望得到报酬或其他礼物作为回报，他们甚至不知道谁会得到他们捐献的血液，就像他们不知道他们的个人所得税将被用于什么目的一样。献血者只是相信互惠关系会发生：如果有人碰巧需要血液，他们就会得到血液。

社会保险实际上是“团结机器”，它使团结自动发生，并且“它总是以某种方式与合作、互惠相联系”(Liukko, 2013：8)。同样，福利国家可以被视为一个基于互惠并致力于实现普遍互惠的制度。

然而，一般互惠(general reciprocity)并不像个体之间真正的互惠那样是对称的。个人并不能直接得到等同于其纳税金额的服务和收入转移。家计审查旨在帮助那些最需要的人。社会支持具有再分配性质，也可以被理解为延迟互惠(delayed reciprocity)或投资。从长远来看,社会享有投资回报和公益性积累。然而,社会投资需要时间,回报可能要很久才能实现,并且有时提供帮助是没有回报的。出于这个原因,公共部门比私营部门更适合进行社会投资和进行一般互惠(Sipilä, 2011：363)。

老年和代际关系中的互惠

一般来说,互惠不仅仅是个体为他人付出,然后从他人那里获得回报。例如,代际互惠通常基于"链"：A 给予 B,B 给予 C(Kolm 2000a：7; Kolm, 2008：16,46,79)。父辈为子辈的教育买单,子辈再为其下一代的教育买单。另一个一般互惠的例子是养老金政策。在现收现付的养老金制度中,工人缴纳的大部分养老金被用来支付已退休人员的养老金。工人们必须相信,这种做法今后也会继续下去,当他们退休时同样会享受当期支付的养老金。

照顾自己的孩子是一种普遍的内在义务。在许多国家,儿童的利益被写入法律,如果父母严重忽视这些利益,那么他们的父母身份就可能受到限制。相比之下,在芬兰,人们虽然没有照顾父母的法定义务,但有道德义务。从老年人的福祉角度看,老年人应该得到所需要的照顾,并在其他方面能与年轻一代的成员互动。代际交往其实对老年人非常重要(Bengtson, 2001)。同时,年轻人也渴望这种交往,当他们自己变老时,也希望与自己的子孙保持联系。

对老年人来说,互惠是福祉的一个特别重要的来源。若没有互惠,谈论成功的老年生活就是徒劳的。老年人通常希望他人(亲人或者专业的护理人员)有时间与他们进行互动。一名专业的护理人员也能从与老年人的相处中获得愉悦感。然而,对于专业的护理人员来说,互动的时间往往很短。护理工作的组织方式与其他形式的生产方式相同,这就阻碍了互惠关系的进一步加深。这其中就存在"做和遭遇"之间的冲突(Palomäki and Toikko, 2007)。

尽管存在明显的不对称性,但护理基本上也是互惠的。护理就是关心他人，承担责任，照顾他人，承载他人的忧虑（Fisher and Tronto，1990），是一种基于彼此依赖的活动（Martela，2012），终极目的是帮助被照料者恢复自主性（De Lange，2011）。照料他人需要表现得体，能使自己适应对方的节奏和进度（参见 Naukkarinen，2011）。例如，在家庭照护中，护理人员和被照料者的相互作用是如此微妙、相辅相成，以至于有时无法区分他们的角色（Andersson，2007）。然而，这些角色之间往往也存在分歧。例如，患有严重阿尔茨海默病的人可以完全任由他人摆布。当另一个人不再具有完全自主的能力，也不再有能力给予任何东西时，参与互惠和愿意承担责任的能力将会受到严峻考验。

老年人的社会地位并不稳定，这是由于他们给予互惠和立即回报的能力是下降的，因为他们往往只能作为接受帮助和照料的一方（Turner，1989；Pilcher，1995：105）。如果一个社会认为这属于"社会寄生"现象，那么无助会变成软弱的表现、依赖他人意味着耻辱（Sennett，1999：139－140）。当我们开始用生产性老龄化（productive ageing）来衡量老年人的"成功"时，即老年人最大的价值是可以继续工作或承担类似的工作，那么对于那些无助的、不再适合工作的老年人，人们将不会理解他们。

亚里·皮尔霍宁（Jari Pirhonen，2015）将查尔斯·泰勒（Charles Taylor，1992）和霍耐特（2005）的接纳理论应用于芬兰老年人的照护中。他忧心于如果将老年人看成病人或客户的话，对失能老人的人道关怀或仁慈之心就会消失。视老年人为客户、病人或医疗病例，而不是一个完整的、有独特生命意义的"人"，这种担忧就有可能发生。在老年护理中也需要一种新的专业精神，这种专业精神以互惠和福祉的理论为基础。这种专业精神是"代际智慧"的（Biggs and Lowen-stein，2011），尽管护理人员与案主属于不同时代，但护理人员对案主的生命历程和生活世界很敏感。

我们对养老问题的思考过于两极分化，它要么被置于选择的框架中，要么被置于必需品的框架中。老年人丧失劳动能力和依赖他人似乎与积极性和自主性完全不相容，而积极性和自主性如今备受推崇（Króger et al.，2007：11－13）。自主性固然对养老很重要，但只从理性选择或生产活动来理解则很狭隘（Grenier and Phillipson，2013）。参考阿拉斯代尔·麦金太尔

(Alasdair MacIntyre, 1999：1－9)的言论，比汉伦(Pirhonen, 2015)认为：

人类不应该完全用理性或自主性来定义，人类也是生物，具有脆弱性和依赖感。我们一出生就依赖他人，直到成年后我们才产生了拥有自主能力的幻觉。随着年龄增长，我们的能力不断衰退，我们被迫再次认识到我们对他人的依赖。

西蒙·比格斯和阿丽拉·洛温斯坦(Simon Biggs and Ariela Lowenstein, 2011)提倡在私人和公共生活中培养“代际智慧”，这是一种反射性互惠的形式。他们主张，我们的视野不能只局限于目前所处的年龄段，或者眼前的利益、欲望，我们应该知晓其他年龄段的人的存在，明白他们也有合法利益。

我们很难同情那些尚未出生的一代人。然而，我们必须这样做(Kolm, 2000a：29)，因为这是福祉可持续的要求。当我们离开这个世界时，它至少应该还和我们出生时一样好(Becker, 1986：228)。我们还必须向子孙后代提供一些东西，我们不能因为他们没有机会请我们喝酒，就要求他们为我们买单。

参考文献

Alapuro, R., 1997. *Suomen älymystö Venäjän varjossa*. Helsinki: Tammi.

Alberoni, F., 1989. *Rakastuminen*. Helsinki: Otava. (Original: Innamoramento e amore. Milano: Aldo Garzanti Editore, 1979.)

Allardt, E., 1976. *Hyvinvoinnin ulottuvuudet*. Helsinki: WSOY.

Andersson, S., 2007. *Kahdestaan kotona – tutkimus vanhoista pariskunnista*. Helsinki: Stakes, tutkimuksia 169.

Baudrillard, J., 1991. *Amerikka*. Helsinki: Loki-kirjat. (Original: Amérique. Paris: Editions Grasset & Fasquelle, 1986.)

Becker, L. C., 1986. *Reciprocity*. London and New York: Routledge & Kegan Paul.

Bengtson, V. L., 2001. Beyond the Nuclear Family: The Increasing Importance of Multigenerational Bonds. *Journal of Marriage and Family* 63(1):1–16.

Biggs, S., and Lowenstein, A., 2011. *Generational Intelligence. A Critical Approach to Age Relations*. London: Routledge.

Boisvert, R. A., and Heldke, L., 2016. *Philosophers at Table. On Food and Being Human*. London: Reaktion Books.

Bruni, L., 2008. *Reciprocity, Altruism and the Civil Society. In Praise of Heterogeneity*. London: Routledge.

Buber, M., 1999. *Minä ja Sinä*. Helsinki: WSOY. (Original: Ich und Du. Leipzig: Insel-Verlag, 1923.)

Danielsbacka, M., 2013. *Vankien vartijat. Ihmislajin psykologia, neuvostosotavangit ja Suomi 1941–1944*. Historiallisia tutkimuksia Helsingin yliopistosta XXXII. Helsinki: Helsingin yliopiston filosofian, historian, kulttuurin ja taiteiden tutkimuksen laitos.

Daun, Å., 1989. *Svensk mentalitet*. Stockholm: Nordsteds Akademiska Förlag.

Davies, R. J., and Ikeno, O., 2002. The Japanese Mind. Understanding the Contemporary Japanese Culture. North Clarendon, VT: Tuttle.

De Lange, F., 2011. Restoring Autonomy. Symmetry and Asymmetry in Care Relations. *Nederduitse Gereformeerde Teleogiese Tydskrif* 52, 61–68.

Douglas, M., 1990. Foreword. No Free Gifts. *In:* Mauss, M. ed. *The Gift. The Form and Reason for Exchange in Archaic Societies*. London: Routledge, vii–xviii.

Ehrnrooth, J., 1995. *Asentoja. Muistelmia nykyajasta*. Helsinki: WSOY.

Ehrnrooth, J., 2014. *Toivon tarkoitus*. Helsinki: Kirjapaja.

Engdahl, H., 2013. *Ja sen jälkeen savuke*. Helsinki: Siltala. (Original: Meteorer. Stockholm: Albet Bonniers Förlag, 1999.)

Fisher, B., and Tronto, J., 1990. Toward a Feminist Theory of Caring. *In:* Abel, F. and Nelson, M. eds. *Circles of Care*. Albany: State University of New York, 35–62.

Gérard-Veret, L. A., Kolm, S. C., Ythier, J., and Mercier, J. eds. 2000. *The Economics of Reciprocity, Giving and Altruism*. Basingstoke: Macmillan Press.

Gintis, H., 2000a. Beyond Homo Economicus: Evidence from Experimental Economics. *Ecological Economics* 35:311–322.

Gintis, H., 2000b. *Strong Reciprocity and Human Sociality*. Amherst: University of Massachusetts, Economics Department Working Paper Series 82.

Gouldner, A. W., 1960. The Norm of Reciprocity: A Preliminary Statement. *American Sociological Review* 2, 161–178.

Grenier, A., and Phillipson, C., 2013. Rethinking Agency in Late Life: Structural and Interpretive Approaches. *In:* Baars, J., Dohmer, J., Grenier, A., and Phillipson, C., eds. *Ageing, Meaning and Social Structure. Connecting Humanistic and Critical Gerontology*. Bristol: Policy Press.

Haapola, I., Vaara, E., and Karisto, A., 2013. Koettu hyvinvointi. *In:* Haapola, I., Karisto, A. and Fogelholm, M., eds. *Vanhuusikä muutoksessa. Ikihyvä Päijät-Häme-tutkimuksen tuloksia 2002–2012*. Päijät-Hämeen sosiaali- ja terveysyhtymän julkaisuja 72, 83–90.

Hirvilammi, T., 2015. Kestävän hyvinvoinnin jäljillä. Ekologisten kysymysten integroiminen hyvinvointitutkimukseen. Helsinki: Kela, Sosiaali- ja terveysturvan tutkimuksia 136.

Honneth, A., 2005. *The Struggle for Recognition. The Moral Grammar of Social Conflicts*. Cambridge: Polity Press.

Jaakkola, L., 2008. *"Mitäs sulle?" Kohtelias asiakaspalvelu ikääntyvien ja ikääntyneiden tulkinnoissa*. Soveltavan kielentutkimuksen lisensiaattityö. Jyväskylän yliopisto.

Jalava, J., and Kangas, R., 2013. Kommunikaatio, yhteiskunnan eriytyminen ja osasysteemien merkitys. *In:* Jalava, J., ed. *Yhteiskunnan järjestelmät. Niklas Luhmannin ajattelu*. Helsinki: Gaudeamus, 40–59.

Johansson, S., 1979. *Mot en teori för social rapportering*. Stockholm: Institutet för social forskning, Rapport Nr 2 från levnadsnivåprojekt.

Karisto, A., 2010. Yksi piano vai kymmenen lehmää? Kirjoituksia arjen ilmiöistä. Helsinki: Gaudeamus.
Knight, L. W., 2005. *Citizen: Jane Addams and the Struggle for Democracy*. Chicago: University of Chicago Press.
Kolm, S. C., 2000a. Introduction: The Economics of Reciprocity, Giving and Altruism. *In:* Gérard-Veret, L. A., Kolm, S. C., Ythier, J., and Mercier, J., eds. *The Economics of Reciprocity, Giving and Altruism*. Basingstoke: Macmillan Press, 1–46.
Kolm, S. C., 2000b. The Theory of Reciprocity. *In:* Gérard-Veret, L. A., Kolm, S. C., Ythier, J. and Mercier, J., eds. *The Economics of Reciprocity, Giving and Altruism*. Basingstoke: Macmillan Press, 115–141.
Kolm, S. C., 2008. *Reciprocity. An Economics of Social Relations*. Cambridge: Cambridge University Press.
Kortteinen, M., 1982. *Lähiö. Tutkimus elämäntapojen muutoksesta*. Helsinki: Otava.
Koskiaho, B., 2014. *Kumppanuuden sosiaalipolitiikkaa etsimässä*. Helsinki: Suomen Setlementtiliitto.
Kröger, T., Karisto, A., and Seppänen, M., 2007. Sosiaalityö vanhuuden edessä. *In:* Seppänen, M., Karisto, A., and Kröger, T., eds. *Vanhuus ja sosiaalityö. Sosiaalityö avuttomuuden ja toimijuuden välissä*. Jyväskylä: PS-Kustannus, 7–15.
Kujala, A., and Danielsbacka, M., 2015. *Hyvinvointivaltion loppu? Vallanpitäjät, kansa ja vastavuoroisuus*. Helsinki: Tammi.
Lasch, C., 1979. *The Culture of Narcissism. American Life in an Age of Diminishing Expectations*. New York: W.W. Norton.
Leitner, S., 2003. Varieties of Familialism. *European Societies* 5, 353–375.
Levinas, E., 1996. *Etiikka ja äärettömyys. Keskusteluja Philippe Nemon kanssa*. Helsinki: Gaudeamus. (Original: Ethique et infini. Dialogues d'Emmmanuel Levinas et Philippe Nemo, 1981.)
Liukko, J., 2013. *Solidaarisuuskone. Elämän vakuuttaminen ja vastuuajattelun muutos*. Helsinki: Gaudeamus.
MacIntyre, A., 1999. *Dependent Rational Animals. Why Human Beings Need the Virtues*. Chicago and La Salle, IL: Open Court.
Manatschal, A., 2015. Reciprocity as a Trigger of Social Cooperation in Contemporary Immigration Societies? *Acta Sociologica* 3, 233–248.
Martela, F., 2012. *Caring Connections – Compassionate Mutuality in the Organizational Life of a Nursing Home*. Aalto University Publication Series, Doctoral dissertations 144/2012.
Mauss, M., 1999. *Lahja*. Helsinki: Tutkijaliitto. (Original: Essai sur de lon. Presses Universitaires de France, 1950.)
Naukkarinen, O., 2011. Tahdikkuus esteettis-eettisenä toimintaperiaatteena. *Tiede & Edistys* 4, 315–330.
Nussbaum, M., 2001. *The Fragility of Goodness: Luck and Ethics in Greek Tragedy and Philosophy*. Cambridge: Cambridge University Press.
Palomäki, S. L., and Toikko, T., 2007. Tekemisen ja kohtaamisen ristiriita vanhustyössä. *In:* Seppänen, M., Karisto, A., and Kröger, T. eds. *Vanhuus ja sosiaalityö. Sosiaalityö avuttomuuden ja toimijuuden välissä*. Jyväskylä: PS-Kustannus, 271–288.
Pahl, R., 2000. *On Friendship*. Cambridge: Polity Press.

Pilcher, J., 1995. *Age and Generation in Modern Britain*. Oxford: Oxford University Press.
Pinker, S., 2011. *The Better Angels of Our Nature: Why Violence Has Declined*. New York: Viking.
Pirhonen, J., 2015. Tunnustaminen ja sen vastavuoroisuus vanhustyössä. Gerontologia 29(1), 25–34.
Polanyi, K., 2001. *The Great Transformation: The Political and Economic Origins of Our Time*. Boston, MA: Beacon Press.
Raittila, H., 2001. *Canal Grande*. Helsinki: WSOY.
Said, E., 2011. *Orientalismi*. Helsinki: Gaudeamus. (Original: Orientalism, London: Penguin, 1977.)
Sennett, R., 1999. *The Corrosion of Character. The Personal Consequences of Work in the New Capitalism*. New York: W.W. Norton.
Sennett, R., 2003. *Respect in a World of Inequality*. New York: W.W. Norton.
Simmel, G., 2005. *Suurkaupunki ja moderni elämä. Kirjoituksia vuosilta 1895–1917*. Helsinki: Gaudeamus. (Original: Die Grossstädte und Geistesleben. Jahrbuch der Gehestiftung IX, 1903.)
Sipilä, J., 2011. Hyvinvointivaltio sosiaalisena investointina: älä anna köyhälle kalaa vaan koulutus! *Yhteiskuntapolitiikka* 4, 359–372.
Sortheix, F., 2014. *Values and Wellbeing: An Analysis of Country and Group Influences*. University of Helsinki, Publications of the Department of Social Research 2014: 5.
Taylor, C., 1992. *Multiculturalism and "the Politics of Recognition"*. Princeton, NJ: Princeton University Press.
Thompson, S., 2013. *Reciprocity and Dependency in Old Age. Indian and UK Perspectives*. New York: Springer.
Titmuss, R., 1970. *The Gift Relationship: From Human Blood to Social Policy*. London: George Allen & Unwin.
Turner, B., 1989. Ageing, Status Politics and Sociological Theory. *British Journal of Sociology* 40, 588–606.
Wolff, J., and De-Shalit, A., 2007. *Disadvantage*. Oxford: Oxford University Press.

第二章　通过互惠关系创造福祉

玛丽塔·托伦宁

引　　言

本章讨论了互惠与福祉、福利的关系，并从理论上解释如何将互惠与社会工作、社会政策的实践关联，从而共同构建社会照护体系。本章批判性地分析了不同主体间的权力关系，提出促进不同主体间的平等地位，进而创造福祉的观点。以往，社会工作者或专业照护者与其服务的案主或对象之间的权力关系并不对等，互惠型社会工作要求对这一状况做出改变。同样，在社会政策方面，福利国家和机构以社会保障的形式，补充个人在社会层面上的支持。法律和规范对公民的责任和义务，以及公民拥有哪些权利和特权进行了规定（Gouldner, 1960：169）。

当群体中的个体之间、个体与群体之间形成不同的互助模式时，互惠就变得可见。尤其是在家庭中，家庭成员通常被视为提供互惠服务、给予关爱的主要来源。此外，政府、公共部门、福利国家等通过各种形式，强调传统互惠的理念，为人们提供各种各样的服务和帮助，如医疗、养老和教育等（Kolm, 2008：1－2）。

> 例如，在一个自由、和平、高效的社会，人们需要对人身与财产安全给予相互尊重。如果人们不能互相尊重，仅靠警察或自卫队是不够的，而且代价高昂。市场和组织的运作同样如此，它们需要起码的信任、诚实、守信或公正，这些都是互惠且对等的。
>
> （Kolm, 2008：1－2）

良好的社会关系靠的是互惠，这种互惠绝非压迫性的规范。互惠建立在平衡的、公正的、自由有益的行为基础上，进而建立情感纽带并强化关系（Kolm，2008：2）。

互惠是建立在平等基础上的，同时带来陪伴、友爱和团结，有助于人们友好相处。互惠还会影响集体福祉，它减少了不平等，提高了人们的生活质量，让民主制度尽显关爱。在社会服务中，互惠意味着尊重、支持、赋能，有利于个人福祉的提高。互惠不仅包含支持个人利益的行动，而且包含那些并不直接产生收益但视所有人为兄弟姐妹的友好行为（Niiniluoto，2015）。

劳伦斯·C.贝克尔（Lawrence C. Becker，1990：4）在《互惠》（*Reciprocity*）这本讨论政治哲学的书中指出，互惠包含的内容非常广泛，很难有一个统一的定义。有些人认为互惠仅指那些不那么直接、差不多对等的回报，而另一些人认为互惠应该是间接的、不同类型帮助之间的交换。对于互惠是一种义务还是一种理想，是否要求必须知恩图报，是否与公正相关，是否与慈悲冲突，这些并没有达成共识（Becker，1990：4）。正如布迪厄（1990：139）所说，"社会现实充满复杂性"，互惠包含很多社会因素。一些人也经常使用互惠的否定语——不互惠。比如，一个人向对方报仇或对他人表现不善时，就是不互惠的行为（参见 Pereira et al.，2005）。

在本章中，互惠是一个正面的概念，指个体间、群体间或社会间的直接或间接交换。我认为互惠是践行公平、公正和美好的行为。福利国家的目标是在人们的日常互动中，通过互惠增进人们及其所在社区的福祉。然而，互惠有时也会带有某种类似义务的感觉，从而包含了似乎限制人们进行自由选择的消极特征。正如我对生活的理解一样，它既包含快乐和悲伤，也包含正义和不公。

在认识到互惠的复杂性后，我在本章中将借鉴社会科学和哲学来阐释互惠概念。我认为互惠具有三个维度，即实践、符号和道德。这些方面阐明了权力关系：资源如何在人们中分配（实践维度），谁被接受为群体或社会的一部分（符号维度），以及谁有真正选择的可能性（道德维度）。在早期关于互惠的著作中，我注意到大多数作者将互惠与其他概念联系起来。我认为，在社会工作和社会政策中，最精准的关于互惠的定义应该立足于人类福祉，并同时包含三个要素：生存、团结和道德。

基于人类相互依存这一事实的互惠思想，是对人们要完全自给自足或只注重自身经济繁荣的全球化趋势的批判（参见 Nussbaum, 2011：10，29；Sen, 2009）。互惠提倡人类平等的价值理念，认为人们的声音应该被听见（Brooks, 2012：28），不仅有必要关照那些具有“普世价值”的个人需要，也要考虑个体的特殊需求。本章在探讨互惠时，驳斥了“人类做出选择时总是趋利避害”的观点（参见 Nussbaum, 2011：10，29；Sen, 2009）。人与人之间的合作充满复杂性，合作应该超越个人利益，依靠互惠互利，在日常生活中不断谈判，将个人利益与诚实、正直相结合。

互惠思想

每个社会都有互惠规范，比如，恋人和朋友之间的送礼活动、家庭生活模式、作为公民应履行的义务。尽管时间、地点不同，但其中对互惠和细微礼节的理解是一样的。贝克尔（1990：73）指出，互惠常与效用或义务相关：获得好处的一方总会有某种回报的紧迫感。貌似获得的好处越大，以同等价值进行偿还的义务感就越强。这种偿还义务可能让人有压迫感，既能成为怨恨之源，又能成为喜悦之源，从而影响人们的情绪波动。这种交换已然成为生活的正常组成部分，对消除社会不正义并无作用（Becker, 1990：73）。

从积极角度来看，互惠包含这样的假设：善行会相互积累，人们可以善待彼此。这点似乎被世界各地的人们共同认可。在西方思想史上，人们常常从宗教的角度对这样的建议进行辩护（Niiniluoto, 2015：277－278）。贝克尔的互惠概念具有宗教倾向，尽管它也可以被理解为人类的道德准则：

> 我们应该以德报德，报答我们所得到的；我们应该抵制邪恶，但不以怨报怨；我们应该为自己造成的伤害做出补偿，并且我们应该尽道德义务去行事。
>
> （Becker, 1990：4）

贝克尔所定义的互惠既包含我们可以做的，也包含我们应该做的。第一，当我们得到帮助后，我们应该准备回报，但我们不必处处接受帮助。第二，尽管互惠不应该被理解为强制性的，但它可能会使接收者倾向于报答。第三，在进行互惠行动时，虽然并没有明确表现出义务感，但接受的一方会有报答感，假以时日会以德报德。互惠可以被视为无法偿还的债务，也可以被视为对亲戚或朋友爱的抵押（Becker，1990：4－6）。

贝克尔的定义类似被许多宗教信奉的“黄金法则”。“黄金法则”有时也被理解为互惠的利己主义：它以一种类似商务谈判的方式，将服务和人情债相结合（Niiniluoto，2015：277－278）。它引导我们不仅要考虑自身利益，还要考虑应如何对待他人。

如果互惠是福祉或福利的来源，那么互惠的反面不互惠就会被视为有害的，会降低福祉。它既不支持平等，也不支持参与。如果互惠是与长期可预测的关系和信任相关，那么不互惠则表达出不信任，使人疏远，从而降低了帮助彼此、支持彼此的意愿（参见 Harisalo and Miettinen，2010：13－15，23；另参见 Kouvo，2010：171）。

在个人层面上，不互惠意味着一个人或一群人看重自己而非其他人。换句话说，他们保护自己的利益，对他人不善，表现出欺凌、憎恨或行为自私等。没有信任，人们的态度就会充满敌意、恐惧、居高临下、轻视和孤立。不接受也是不互惠或反互惠的一种形式，它将个人排除在社会群体之外，也将个人排除在互惠所产生的乐趣之外。这必然会带来痛苦和压力（参见 Lindenberg et al.，2010；McCormic，2009）。然而，即使一个团体确实具有强烈的团结意识，但过于封闭，它也会伤害到个体成员或整个社会，宗派主义、种族主义和腐败就是例子（Allardt，1976：37－38，42－46）。

此外，不同社会在不同时期发现人类的本性既是利己的，也是利他的或能够为他人服务的。许多研究者（Lindenberg，2010：27；Lindenberg et al.，2010：9；另参见 Fetchenhauer and Dunning，2010：61）认为，团结包含着利他主义，人们会帮助有需求的其他人，必要时还会做出一定牺牲。如果人们本就有无私的动机，对互惠也没有一定之规，那么这可以称为互惠的利他主义（Manatschal，2015：235）。然而，如果我们不断做出牺牲，只给予或接受，那么这种关系一定不是互惠的。这必然会滥用成员的善意或友善，也不符合互惠规范。

在社会层面,不对等还可能侵犯人权或国家主权,影响社会的稳定。互惠与不互惠之间的斗争通常在社会和社会互动中可见一斑,例如,当人们和社区成员之间非常恶劣地对待彼此时,会造成相关各方之间长期存有敌意(参见 Nussman, 2011: 52; Seligman and Csikszentmihalyi, 2000)。此外,恶也可以分为自然恶和道德恶。世界上很多意外、痛苦和折磨构成自然秩序的一部分,具有物理或生物学基础。但是,还有相当部分的不幸或不愉快是人类选择失误造成的(Niiniluoto, 2015: 141 - 142)。当然,还有一些自然灾害实际上也是人类自己造成的。互惠与不互惠的区分并不能说明现实具有多面性,但是可以帮助我们理解哪些支持着我们的福祉,而哪些不支持。

互惠的多学科概念

互惠的概念适用于许多不同的领域。它被广泛用于经济学、社会科学(特别是社会人类学)、心理学、社会心理学、精神病学、生物学、宗教科学和历史。此概念本身是多学科的,甚至是跨学科的,这表明互惠这一概念使用的范围非常广泛。不同的学科对互惠进行了不同层面的考量,反映了个人、群体或社会之间的相互依存关系。

社会工作和社会政策是基于福利国家的原则(如团结、平等和支持就业),加强个人和社会层面的相互关系的工具。对社会工作和社会政策中互惠性的研究,可以被视为对国际社会福利研究的贡献,这些研究的重点是福祉和如何将人们紧密团结起来(参见 Becker, 1990; strom and Walker, 2003)。福祉与福利不同,它是一种个人体验;而福利是指由国家规定的对福祉的支持,以及其他公共或私人服务。福祉可以通过个人和群体的经验来定义,而福利指特定社会中的生活质量。个人、社区和社会不断互动,产生互惠行为,从而创造了福祉和福利。

互惠还包含群体或社会内部的人际关系和权力关系。与"人与人之间的互动"相比,互惠更宽泛,它包含情感和评估功能。互惠是相互依赖(Kabunda, 1987: 33)。互惠始终"取决于对他人的判断"(参见 Bourdieu,

2000：100)，这种判断势必对彼此的情感产生影响，如彼此喜欢。互惠行为是由从事该行为并赋予其意义和集体意图的个人，或不同群体之间的团结感和吸引力所激发的。这些行为在情感上将人们联结在一起。

在社会政策中，福利国家和制度是个体间相互支持的有益补充。法律和规范对公民的责任和义务、在社会中享有的权利和特权进行了规定。在社会工作中，人们可以感受到主宰自己生活的自由，可以感受到被重视、被尊重(参见 Ojanen, 2014：313)。如果人们需要或寻求帮助时，他们会得到支持，并且不指望马上给予直接回报。有时，也会发生专业人士必须以客户的最佳利益为出发点的情况。因此，社会工作中的互惠可以被视为关系社会工作，其中的帮助过程与福祉的发展过程是社会工作者和案主共同建构完成的。理想情况下，双方都被赋予权力，都应得到重视、支持和帮助(Raineri and Cabiati, 2015：1；Thompson, 2016：14)。

社会资本的研究传统着眼于社区内的变迁，以及福祉是如何被创造出来的，社会工作和社会政策中对互惠的理解对社会资本的研究大有裨益(Bourdieu, 1984；Coleman, 1990；Putnam, 2000；Putnam et al., 1994)。社会资本指的是社会承诺，以及对团结和情感联系的变化。社会资本呼应并增强了人际关系、社会关系和全球关系(Coleman, 1990：2；Putnam et al., 1994：167)。

互惠和社会资本都根植于这样一种观念，即人们实际上需要生活在有组织的群体中，以增进福祉(Tuomela and Mäkelä, 2011：88)。互惠和社会资本还包括维持社会良好运作、提升成员的幸福感、改善健康状况等内容(Kouvo, 2010：166；Putnam et al., 1994：169；Putnam, 2000：19)。人们普遍认同社会性是人类存在的基础(Tuomela and Mäkelä, 2011：88；另见 Lindenberg and Steg, 2007；Lindenberg et al., 2010)。这种趋势反映了强烈的集体意向性，即“我们”位于互动模式的核心位置(Tuomela and Mäkelä, 2011：90)，“我们”与大家的集体福祉相关。相应地，如果没有公民授权，维持秩序和权力的社会结构通常无法运转，公民可以通过投票或抗议等方式表达自己的意见。

在经济学中，互惠与交易、买卖相关，其理论方法借鉴了博弈论(参见

Tuomela and Mäkelä, 2011：89）。在博弈论中，玩家遵循某些规则以确定最佳策略（Becker, 1990：7）。博弈论基于理性选择和问责概率，强调互惠的不和谐性，认为人们常常徘徊在慈悲与算计之间（Törrönen, 2012：185）。

商业谈判的目标通常包括获得金融收益和增长。至于经济学，甚至社会科学领域，许多人都强烈主张“反对支付”和福利报销（参见 Kildal, 2001：2）。这种观点认为人们大多是以自我为中心，仅考虑自己的利益（参见 Bierhoff and Fetchenhauer, 2010：226；Fetchenhauer and Dunning, 2010：72；Homans, 1974）。一些团结的行动是为了获得赞赏和荣誉，或为了提升自己的社会地位（Paskov, 2016：4－5）。20 世纪初，莫斯做了关于礼物的研究，提出了类似的观点。通过对某些部落中礼物交换的情况进行研究，他声称不存在无私的礼物。莫斯（2002）认为，所有礼物或崇高的行为都是有目的性的，即在社区赢得更多认可和荣誉。

尽管这种对人类及其行为的利己主义理解已成为一种趋势，但许多日常经验和研究都支持这样的观点，即人们在没有直接利益的情况下互相帮助和支持（参见 Bierhoff and Fetchenhauer, 2010：226）。贝克尔（1990：10）认为互惠是一种基于道德观的表达，很难像数学那样进行精准衡量。阿马蒂亚·森（Amartya Sen, 2009：32, 189）强调在考虑个人自身利益重要性的同时，也要考虑个人行为如何影响他人的生活。

互惠与社会心理学中的一些概念紧密相关，如社交能力、社会网络、社会支持、信任、社区和公民参与、帮助与团结（Morrow, 1999：744）。与互惠相关的社会支持可以被定义为具有情感、评价和信息维度的相互或共享的干预或行动。彼此支持的人在互动中可以感受到互惠，以及知晓如何衡量它，从而进一步影响与其他人的互动。互惠关系和社会支持让人们更有存在感、更自信。

当一个社会认为帮助有需要的人、通过善举帮助他人、信任他人和公平很重要时，互惠就像社会学中的“团结”这个概念一样（参见 Fetchenhauer and Dunning, 2010：61；Lindenberg et al., 2010：3）。互惠通过频繁协商、共同采取行动，以提高生存的可能性。其行为可能是持续的、随机或重复的，但世俗始终会影响双方的关系。无论是有需要或遭遇危机，互惠行为都包含世俗和团结的成分。

努斯鲍姆(2011：10－11)从哲学的角度假设：当孩子们在各种情况下经历脆弱时,他们会同时发展出生动的想象力,并学会了解其他人的想法。思维和想象力丰富了人际关系。在此过程中,孩子们学会了如何平等地对待他人,并理解互惠行动的含义。如果没有这个过程,他们只会利用他人谋取自己的利益。努斯鲍姆谈到,一个民主国家的公民如果缺乏同情心,那么他们会更容易排斥和污蔑外部人。如甘地(Gandhi)在建立民主的理想中所描述的那样：为了自由与平等,政治斗争需要同情心、爱心和尊重,从而战胜恐惧、嫉妒和以自我为中心的敌意(Nussbaum, 2011：20)。

努斯鲍姆对人类如何在民主社会中成长的理解结合了心理学理论,尤其是依恋理论(Bowlby, 1997;另见 Brazelton and Cramer, 1991),其中,互惠常常与人际关系联系在一起。在发展心理学中,亲子关系通过富有节奏的舞蹈和微笑,传达了父母与孩子间的接纳与爱(Hazel, 2007：46)。就像玩游戏一样,两个参与者根据某种可以预测的规则做出反应(Hazel, 2007：48)。

互惠的维度

在这里,权力被理解为一部分人控制另一部分人,并在不同人群之间划分边界。边界包括三个部分：一是实践维度,即如何在人与人之间分配资源;二是符号维度,即谁被接纳成“我们”的一部分;三是道德维度,即谁拥有真正选择的可能性。没有所谓空洞的系统或制度,只有领导制度的人运用权力做出决定,并让人们遵守规则。

人类需要资源以满足基本需求(参见 Maslow, 1954),也需要与他人分享生活、为他人考虑并做出符合道德准则的决定,从而推动我们自身和社区的福祉。实践维度、符号维度、道德维度和资源、社会纽带、道德行为紧密结合。这些维度创造了福祉的多维图景,它们相互重叠,强调人类在物质、社会和道德感上的平等,并描述了人们在日常生活中可能遇到的各种不平等(如表 2－1 所示)。

表 2－1　互惠的实践、符号和道德维度

维度	范　　围	效　　果	福　　祉
实践	资　　源	生存与自我实现	物质、身体和精神
符号	社会纽带	认可、归属和合法化	社会和情感
道德	道德行为	选择	存在

第一，如果没有食物、住房和资金等资源，我们将无法生存，更不能实现繁荣发展。第二，在社会关系中，我们需要被认可和有归属感，并拥有在社会中行事的机会和合法权利。第三，作为道德行为者，人们在一定范围内可以影响自己的生活，同时也影响他人的福祉。综上所述，这些维度从物质、身体、精神、社会、情感和存在等方面影响着我们的福祉。我们在多大程度上能左右自己的生活并做出选择，会影响我们在这世上的存在感。互惠的这三个维度对个人和社区产生了深远的本体论意义。

这三个维度类似芬兰社会学家阿拉特（1976）对需要的划分：拥有、爱与存在。他将财富、社会保障和个人存在视作福祉的来源（参见 Niiniluoto，2015：190）。本章提出了以下区别：互惠不仅包括需要、资源或社会纽带，还包括把人类看成社会和道德的行为者（参见 Niemelä，2010：19，29）。个人、社区和社会如何互动并做出承诺，会影响个人和整个社区的福祉。

良好的社会关系对人类的福祉非常重要。这就是在此增加符号维度的原因（参见 Törrönen，2015）。如果人们互相照顾、融洽相处、彼此互惠，甚至有爱，这些行为都会增加他们的福祉。我们非常依赖彼此（Sanford C. Goldberg，2012：vi－vii，1）。我们基于与他人的联系，以及参加与我们关系密切、能影响我们生活的集体活动，从而找到自己在世界上的位置和意义。别人如何评价我们、是否认可我们，以及我们的行为是否被接纳和产生效果等，都会影响我们对自己的位置和存在意义的判断。

实践维度

社会工作和社会政策在很长一段时间都将一些问题与社会地位、财富、性别、种族血统或宗教等联系起来。这就提出一个问题：分享的目的是不是为了达到平等？正如史蒂芬·霍金（Stephen Hawking，2016）所言：

> 也许再过几百年，我们会在星际中建立人类的殖民地。然而，目前我们只有一个星球，我们需要共同努力来保护它。为此，我们需要打破国家内部和国家之间的壁垒。如果我们有机会做到这一点，世界各国领导人必须承认，他们已经失败，并且正在使很多人失望。随着越来越多的资源集中在少数人手中，我们更要学会分享。

权力和财富分配不均被视为造成不平等的重要原因。拥有的文化、经济（Bourdieu，1984）、健康等资源的多寡（Törrönen，2016;2014）决定了社会分层的位置。而这些资源又受权力关系和社会结构的影响。社会结构包括首属社会结构和次属社会结构。其中，首属社会结构包括父权制、种族制度、资本主义制度和异性恋等主要的社会结构。次属社会结构包括家庭、社区和官僚制等（Carniol，1992：5）。实践维度的资源是经济、文化和健康资源。经济资源包括住房、工作、基本生活物资等，以及人们对一个家所认定的其他标准。文化资源主要包括宗教或意识形态，教育、家庭背景和教养等都包含在其中。与健康有关的资源包括身体层面和精神层面的健康。不平等不仅体现在由于劳动与知识分配的差异所造成的权力关系上，还体现在特定地方或特定时间由文化习性和社会规范造成的差异性上。

资源可用于直接或间接交换，例如，通过照顾他人获得食物或住房等。如果资源可以平等分享，个人就可以自由获得各种机会以满足自身需要。然而，这是不现实的。正如布迪厄所说，资源一直处于竞争之中，人们不可能自己决定社会地位，也不能自由决定所处层级享有何种程度的自由和平等。除了资源，一些因素也影响人类行为的实际准则，包括在特定文化中，谁有机会参与，什么是优先的，什么是被许可、被重视或在程序上是正确的，以及最后这些规则是如何转变或合法化的（Becker，1990：14－16）。

社会中的平等取决于如何共享资源、存在什么样的社会和医疗体系，以及该体系如何照顾有需要的人和帮助那些正处于困难中的人，如失业者、移民等。资源分配不均的背后往往是不平等。然而，也有其他差异会影响福祉。不平等的加剧也反映了人们集体态度的变化，比如，对困难产生的根源、互惠行动的减少等问题的态度。

实践维度仅描述了资源是如何在群体中分配的，并未在所有维度上充分阐明互惠的概念（参见 Becker，1990：14－16；Sen，2009：233，253）。我们还需要把人理解为一种社会生物。

符号维度

符号维度强调社会关系中的社会性和情感性福祉。社会关系属于社会资源，包括代际关系和其他类型的关系。努斯鲍姆（2011：20）说，人的需求被满足，不仅是指灵魂上的满足，还指工具性满足。符号维度代表一种集体性卷入和对他人的接纳，通过社会联结确定个体在某群体中的社会身份。

在这里，我把符号维度的范围扩大到社会认可、归属和合法化，这与布迪厄对符号权力的定义类似（参见 Törrönen，2015）。布迪厄（1990：138）认为符号权力有两种定义：一是授予那些有足够认可的人识别他人的荣誉或权力；二是通过言辞创造事物的权力。

符号维度描述了互惠行动、人际互动、与他人合作是如何提升我们福祉的。个体所处的环境往往由他无法控制的环境，以及他可以施以影响的环境组成（Heidegger，2000：31，41，158－159，289）。个人并不完全是被动的回应者，也是积极的参与者。动机会影响他们的行为（Törrönen，2016：44－48）。动机包括基于某人价值观或偏好而采取某一行为的原因，可以是短期的或享乐主义（现在感觉更好）的，也可以是长期（改善自己的资源）的或规范（适当地行动）的（Lindenberg，2010：12）。这有助于解释为什么个人行为有时难以预测、理解或把握。

人们在行动中不仅只考虑他人，他们也希望在关系中能受到重视，进而产生一种被集体认可的感觉。当感到被他人或集体重视时，这种认可感也与个人尊严密切相关。这就好比一个人在"他人的眼中"变得可见（Pulkkinen，2002：42）。布迪厄（2000）认为，集体认同是找寻生命意义的重要目标，也是生活方式的符号竞争。这种符号竞争是维持社会发展的动力，是为了在权力争夺中区分不同个体和群体的社会地位（参见 Bourdieu，1990：123，128－129；2000：134－135）。符号维度包括情感体验和身份认同，它们使某些人、某些区域、某些意识形态或宗教让个人或群体感觉更熟悉或亲近（参见 Törrönen，1999：23；Tuan，1987：29）。这些体验和身份认同是在与他人长期互动、反思中形成的，在人们之间形成了社会阶层和等级对立。

同情或反感是关系的最直接表现。布迪厄（1990：128；另见 Sen，2009：xvii，39）认为，作为区分情感体验的手段，同情和反感为一切形式的关系（包括合作、友谊、爱情、婚姻和结盟）奠定了基础。志趣相投的人更容易相互理解，认可共同的制度和规则（Azarian，2010：236－327）。社会关系和相互欣赏为符号竞争提供了源泉，推动社会运行和发展（参见 Gabriel，2011：3）。这样的竞争涉及个体存在的合法性，即个体在存在中感到正当的权利（Bourdieu，2000：237）。

尽管普通人都会有珍视和喜欢一个人的体验，但他仍需要一种归属感。这是一种投入和参与的感觉，通过相互的义务与不同的社交网络和其他人建立联系。这也可以是在更大的团体中形成的团结感，例如，都属于郊区或某个国家、拥有一定量的财富、处于类似的社会阶层、具有某种残疾、信仰某种宗教、有特定的种族背景（参见 Nussbaum，2011：24），甚至是居住在同一个大陆等。

成员之间的互动可能会加强归属感，也可能会产生社会联系，使生活更加丰富多彩（Putnam，2000：19）。一般都会假定人们回馈同等比例的东西（参见 Newcomb，1990），当然，人们也可以给予更多或更少的回馈。并不是所有东西都可以用金钱或数量来计算。相反，属于某种类型的社会资本对一个人的财富、工作满意度、健康状况非常重要（参见 Kouvo，2010：166）。社会资本支持这样的观点，即一个良性运转的社区提升了全社会的福祉。

除了认可和归属感，个人的行为还需要符合法律规定并被集体接受，即合法化。法律为个人提供了在社会中行动的机会和权利，规范了人与群体之间合作的方式和强度。如果人们意图明确，且在公平的制度中履行了自己的职责，那么其他人往往会对他充满信任和信心（Sen，2009：80）。这阐明了社会和群体中的权力关系（参见 Sennett，2003），即谁认可这些行为和谁的行为需要被认可。

人类的福祉不仅受制于可获得资源的数量和社会关系的性质，还受制于他们必须选择的各种可能性，以及如何做决定。此外，我们是道德践行者，在拥有某些权利的同时，既要考虑遵循集体的规则，又要考虑如何履行社会或社区的责任。

道德维度

对于道德规范，目前并没有达成普遍共识。道德规范是在从童年到成年的条件反射过程中学习的，例如，学习如何尊重他人、不侵犯他人财产。受宗教和其他意识形态差异的影响，不同的规范可能会造成不同行动者之间的紧张关系。社会中主流的道德规范和行为准则通过思维习惯控制人们的行为和反应方式（Becker 1990：37，另见 Niiniluoto，2015：178），由此构成了集体主义的生活方式。当人们作为道德行动者做出选择时，这种生活方式便可窥见。这不是说他们只能选择这种生活方式，而是在选择的过程中，他们具有道德判断和道德考量。虽然在某些动物群落中也可以观察到互惠或类似的实践和象征维度（参见 Honkalinna，2015），但道德维度是人类仅有的区别于动物的维度。

在社会实践中，人们倾向于互惠（Becker，1990：17）。如果一个人违背集体的道德准则，事后可能会感到内疚，担心在群体中失去荣誉或信任（Niiniluoto，2015：179）。互惠往往与道义、责任相结合，会激励那些共同居住在某地的人、那些由于共同利益组成的社会群体，以及拥有相同国籍的人们（参见 Cambridge Dictionary，2017）。例如，雇主向雇员支付工资，这不仅是因为他们有协议，还因为雇主认为雇员的劳动价值抵得上这份薪水。雇主的行为可以理解为一种责任，但也可以理解为一种道义。互惠的准则要求当他人完成他的工作后，你也要完成你这一部分（Gouldner，1960：175）。但是，古尔德纳（1960：170）不认为社会实践可以完全解释人类行为，劳动分工中的相互依存、个人的道德观念及互惠行为对人类行为也有一定影响。

贝克尔（1990：17）主张道德并非一个选择题，而是一种生活方式：这就是我们应该做的事情。他认为道德不仅包括有意义的行为，还包括遵守道德准则的状态。他借鉴道德论来说明互惠观点的合理性。道德论对正确的生活方式，以及人们应该采用何种方式生活进行了界定。贝克尔（1990：17）认为，道德判断是对理性主体应该做什么或成为什么的判断。他还认为，对道德的一般看法，以及享乐主义价值观构成了个人福利和效率的基础。根据该理论，道德上的争论将有利于更好地选择。正如贝克尔（1990：16，37，45，73－74）指出的那样，在任何给定的尺度上，好的总比坏的更好。

在伦理意义上，道德规范告诉人们如何行事，以及如何与他人或群体相处，并迫使人们必须以此方式行事。道德是在群体内部创造的，而法律具有历史属性并由特定人群创造。道德维度上如果同时存在几个可选规范（Niiniluoto, 2015：179），这可能会在个体间制造紧张氛围。人们对其行为负有道义责任，法律则对社会上不能接受的行为进行惩治，进而强化人们的道德行为（Niiniluoto, 2015：141－146）。道德规范是一种信念和承诺，人们在不伤害他人的前提下谋求个人利益是可接受的，而对他人不加考虑的自私、贪婪等行为是不道德的。道德不能仅限于考虑自身利益，还应该考虑他人，因为他人与自己是平等的（Niiniluoto, 2015：141－146，178－179）。

另外，人们通常在采取行动、做出反应和回应时大都保持一贯性，但不同的人格特点会有不同的道德行为。因此，可以区分出积极互惠者和消极互惠者。积极互惠者对他人的行为具有高度的反应性，更关心对双方的共同影响。消极互惠者则对交换价值具有更高的反应性，如果没有获得想要的，他们可能会惩罚对方，甚至采取报复性的举措（Van der Zee and Perugini, 2010：87－88）。

个人喜好并不总是与其做什么或成为什么相对应。如果能对应，矛盾的态度、感觉或偏好将自动得到解决。遗憾的是，这很不容易，因为个人即使对类似的事情也可能有不同的看法，看待问题的理由和情感还会发生变化。我们的生活充满了互相矛盾的目标、价值观、理想和需求，何者优先将是个问题。又由于人们在资源占有上互相竞争，在心灵层面并不完全纯洁，这些都会造成各种矛盾和冲突（Becker, 1990：38－39，42－44）。

阿马蒂亚·森指出，活在世上很重要的一个因素在于选择的自由。但是，他并不相信每个人都可以自由选择自己的生活（Sen, 2009：18－19，另请参见 Sartre, 1957：15）：

我们享有的自由和能力对我们来说也是有价值的，最终是我们自己决定如何使用我们拥有的自由。

（Sen，2009：19）

阿马蒂亚·森关于自由选择的思想非常重要。如果人们在现实生活中有选择的机会，那么他们就拥有自由。我们如何做好关于自身生活的决定，如何在追求自己的志向和目标时感到满足，影响着我们的福祉。因此，如果我们觉得我们有权像现在这样存在，例如，如果我们觉得别人欣赏我们为家庭的共同幸福所做的工作或行动，那么我们就能感到存在的幸福。遗憾的是，内在和外在的各种矛盾充斥着我们的生活，我们不得不设法在理想和义务之间寻找某种平衡。

结　论

我们在日常生活中相互依存，在理解自己的生活和周围世界上也是如此（参见 Goldberg，2012：vi－vii，1）。互惠关系支持人们拥有强烈的情感，如爱、同理心和相似性，并赋予他们忠诚的力量。互惠关系增进人的整体福祉，并赋予一个人生命的意义。但是，互惠行为和非互惠行为并存，个体在不同的环境下也可能有不同的表现。

当人们在一起时，他们愿意对所在的群体或社会中的其他成员表现出友善行为。因此，互惠可以被理解为遵循先前类似的姿态或行为，或者基于道德规范的善意或行为。互惠可以被视为生活的先决条件，它还包含群体、社会制度和实践的义务、理想（Becker，1990：3－4）。这种结构在一个社会中也很明显：人们在社会中是否感到团结，是否愿意互相支持？

我们的日常生活同时包含互惠和非互惠的体验。例如，你可能会对自己的一些生活经历感到满意，但同时也会担心自己朋友的健康状况或所在国家的危机。我同意古尔德纳（1960）的观点，即互惠不仅是一种社会互动，还是统治人和世界、规范社会行为的重要力量。在全球范围内，似乎有一种趋势，即将好的或坏的经历归因于某些人或群体，将财富的积累归因于另一些人。这使我们一直在努力平衡自己的福祉，并在互惠和非互惠关系的丛林中找到自己的生活方式。我对互惠和非互惠的定义如下：

互惠是人类生活的根基，它与主观福祉相关，也与社会服务、社会保障体系所提供的福利相关。互惠基于这样一种理解，即人类是相互依存的，这就要求人们承担潜在的义务，遵循一定的社会道德规范。它同时还建立在信任基础上，超越了个人并向陌生人伸出援手。互惠使人们感到平等和被倾听，有利于改善人们的生活境况。互惠体验与爱、同情、感恩、满足等主观感受紧密相关。

非互惠描述了人们在群体中的不平等，以及这种不平等造成的消极情绪和负面感受，并表现为极度鄙视、虐待、侵犯人权，甚至剥削。当遇到困难时，人们会将他人看作个人行动者或者竞争对手，认为世界上的不平等是理所当然的。人与人之间的关系建立在等级制和家长制的基础上。非互惠会使人们感到被排斥、伤害、忽视和不被倾听，进而产生愤怒、焦虑和无助感。

互惠型社会工作和社会政策阐明了社会联结和承诺对人们生活的重要意义，互惠还可以用于检验人们的团结感和情感联系（参见 Coleman，1990：2；Putnam et al.，1994：167）。它有助于将个人主义的服务转变为赋予社区价值的服务。社区工作可能意味着对服务的提供和传输进行重组，也意味着可以通过志愿服务和支持进行一系列的服务交换，而不需要花一分钱。这表明在开展新的健康和社会服务时，将更多地考虑个人的知识和经验。

同时，迫切需要实施更公平的收入分配制度，以及其他资源和服务公平分配制度，这是获得社会互惠和维持社会稳定的重要方式，也是维持个人福祉的保障。生活困难的人尤其需要福利国家的支持，因为他们互惠的可能性较小。当人们普遍表达尊重和欣赏时，社会将运转得更顺畅。

在社会层面，民主可以被视为人类社会福利的先决条件。如果一个社会遵循民主规则并支持互惠行为，它将增进公民之间的平等，社会成员也能实时关心彼此，这种关心不仅体现在实践上，也体现在情感上。阿马蒂亚·森（2009：xiii）强有力地提出了一个公平社会的理念，为互惠创造了良好的机会，进而提升了个人的福祉："不仅要通过正式存在的制度来评判民主，还要根据不同阶层的不同声音在多大程度上能够被听到来评判。"

参考文献

Allardt, E., 1976. *Hyvinvoinnin ulottuvuuksia* [The Dimensions of Well-being]. Helsinki: WSOY.

Azarian, R., 2010. Social Ties: Elements of a Substantive Conceptualization. Acta Sociologica – Journal of the Nordic Sociological Association, 53 (4), 323–338.

Becker, L. C., 1990. *Reciprocity*. Chicago: University of Chicago Press.

Bierhoff, H. W. and Fetchenhauer, D., 2010. How to Explain Prosocial and Solidary Behavior: A Comparison of Framing Theory with Related Meta-Theoretical Paradigms. *In:* D. Fetchenhauer, A. Flache, A. P. Buunk and S. Lindenberg, eds. *Solidarity and Prosocial Behavior. An Integration of Sociological and Psychological Perspectives*. New York: Springer Science + Business Media, 225–242.

Bourdieu, P., 1984/1979. *Distinction. A Social Critique of the Judgement of Taste*. Cambridge: Harvard University Press.

Bourdieu, P., 1990. *In Other Words*. Stanford: Stanford University Press.

Bourdieu, P., 2000. *Pascalian Meditations*. Stanford: Stanford University Press.

Bowlby, J., 1997. *Attachment and Loss*. London: Pimlico.

Brazelton, T. B. and Cramer B. C., 1991. *The Earliest Relationship: Parents, Infants and the Drama of Early Attachment*. London: Karnac Books. Available from: https://helka.linneanet.fi/cgi-bin/Pwebrecon.cgi?BBID=2549117 [Accessed 14 Nov 2014].

Brooks, T., 2012. Reciprocity as Mutual Recognition. *The Good Society*, 14 (1), 21–35.

Cambridge Dictionary. Community. Available from: http://dictionary.cambridge.org [Accessed 10 Oct 2017].

Carniol, B., 1992. Structural Social Work. Maurice Moreau's Challenge to Social Work Practice. *Journal of Progressive Human Services* 3 (1), 1–20.

Coleman, J. S., 1990. *Foundations of Social Theory*. Massachusetts: The Belknap Press of Harvard University Press.

Fetchenhauer, D. and Dunning, D., 2010. Perceptions of Prosociality and Solidarity in Self and Others. *In:* D. Fechenhauer, A. Flache, A. P. Buunk and S. Lindenberg, eds. *Solidarity and Prosocial Behavior: An Integration of Sociological and Psychological Perspectives. Critical Issues in Social Justice*. New York: Springer, 61–74.

Gabriel, P., 2011. The Social as Heaven and Hell. Pierre Bourdieu's Philosophical Anthropology. *Journal for the Theory of Social Behaviour*, 42 (1), 1–24. Available from: http://onlinelibrary.wiley.com/doi/10.1111/j.1468-5914.2011.00477.x/pdf [Accessed 14 Feb 2013].

Goldberg, S. C., 2012. *Relying on Others. An Essay in Epistemology*. Oxford: Oxford University Press.

Gouldner, A. W., 1960. The Norm of Reciprocity: A Preliminary Statement. *American Sociological Review*, 25 (2), 161–178.

Harisalo, R. and Miettinen, E., 2010. *Luottamus. Pääomien pääoma* [Trust – The Capital of the Capital]. Tampere: Tampere University Press.

Hawking, S., 2016. This is the Most Dangerous Time for Our Planet. Politics Opinion. *Guardian*. Available from: www.guardian.com [Accessed 6 Dec 2016].

Hazel, D., 2007. *Containment and Reciprocity: Integrating Psychoanalytic Theory and Child Development Research for Work with Children*. London: Routledge.

Heidegger, M., 2000. *Oleminen ja aika*. Tampere: Vastapaino.

Homans, G. C., 1974. *Social Behavior: Its Elementary Forms*. New York: Harcourt Brace Jovanovich.

Honkalinna, M. 2015. *Korppimatka*. Helsinki: Maahenki.

Kabunda, K., 1987. *Reciprocity and Interdependence. The Rise of the Kololo Empire in Southern Africa in the 19th Century*. Akademisk Avhandling av filosofie doktorsexamen vid Samhällsvetenskapliga fakulteten vid universitet i Lund. Lund: Studentlitteratur.

Kildal, N., 2001. *Welfare Policy and the Principle of Reciprocity*. Presentation at the Conference of International Sociological Association, Annual Conference, RC 19: Old and New Social Inequalities: What Challenges for Welfare States? Oviedo 6–9 September 2001, 16 pages.

Kolm, S. C., 2008. *Reciprocity. An Economics of Social Relations*. Cambridge: Cambridge University Press.

Kouvo, A., 2010. Luokat ja sosiaalinen pääoma. *In:* Erola, ed. *Luokaton Suomi. Yhteiskuntaluokat 2000-luvun Suomessa*. Helsinki: Gaudeamus, 166–181.

Lindenberg, S., 2010. Prosocial Behavior, Solidarity and Framing Processes. *In:* D. Fechenhauer, A. Flache, A. P. Buunk and S. Lindenberg, eds. *Solidarity and Prosocial Behavior: An Integration of Sociological and Psychological Perspectives. Critical Issues in Social Justice*. New York: Springer, 23–44.

Lindenberg, S., Fetchenhauer, D., Flache A., Buunk, A. P., 2010. Solidarity and Prosocial Behaviour: A Framing Approach. *In:* D. Fechenhauer, A. Flache, A. P. Buunk and S. Lindenberg, eds. *Solidarity and Prosocial Behavior: An Integration of Sociological and Psychological Perspectives. Critical Issues in Social Justice*. New York: Springer, 3–19.

Lindenberg, S. and Steg, L., 2007. Normative, Gain and Hedonic Goal Frames Guiding Environmental Behaviour. *Journal of Social Issues*, 63 (1), 117–137.

Manatschal, A., 2015. Reciprocity as a Trigger of Social Cooperation in Contemporary Immigration Societies? *Acta Sociologica*, 58 (3), 233–248.

Maslow, A. H., 1954. *Motivation and Personality*. New York: Harper and Brothers.

Mauss, M., 2002. *Lahja*. Helsinki: Tutkijaliitto.

McCormic, H., 2009. Intergenerational Justice and the Non-Reciprocity Problem. *Political Studies*, 57 (2), 451–458.

Morrow, V., 1999. Conceptualising Social Capital in Relation to the Well-Being of Children and Young People: A Critical Review. *The Sociological Review*, 47, 744–765.

Newcomb, M., 1990. Social Support by Many Other Names: Towards a Unified Conceptualization. *Journal of Social and Personal Relationships*, 7, 479–494.

Niemelä, P., 2010. Hyvinvointipolitiikan teoria. *In:* P. Niemelä, ed. *Hyvinvointipolitiikka*. Helsinki: WSOYpro, 16–37.

Niiniluoto, I., 2015. *Hyvän elämän filosofiaa*. Helsinki: Suomalaisen Kirjallisuuden Seura.

Nussbaum, M. C., 2011. *Talouskasvua tärkeämpää.* Miksi demokratia tarvitsee humanistista sivistystä. Helsinki: Gaudeamus. [Translation Timo Soukola].
Ojanen, M., 2014/2007. *Positiivinen psykologia.* Helsinki: Edita.
Ostrom, E. and Walker, J., eds., 2003. *Trust and Reciprocity: Interdisciplinary Lessons from Experiment Research.* A Volume in the Russell Sage Foundation Series on Trust. New York: Russell Sage Foundation.
Paskov, M., 2016. Is Solidarity less Important and less Functional in Egalitarian Contexts? *Acta Sociologica*, 59 (1), 3–18.
Pereira, P. T., Silva, N. and Silva, J. A., 2005. Positive and Negative Reciprocity in the Labor Market. *Journal of Economic Behavior & Organization*, 59, 406–422.
Pulkkinen, L., 2002. *Mukavaa yhdessä. Sosiaalinen alkupääoma ja lapsen sosiaalinen kehitys.* Jyväskylä: PS-Kustannus.
Putnam, R. D., *et al.*, 1994. *Making Democracy Work: Civic Traditions in Modern Italy.* New Jersey: Princeton University Press.
Putnam, R. D., 2000. *Bowling Alone: The Collapse and Revival of American Community.* New York: Simon and Schuster.
Sartre, J. P., 1957. *Existentialism and Human Emotions.* Canada: Kensington Publishing Corp, 9–53. Available from: http://www.philosophymagazine.com/others/MO_Sartre_ExistentialismG.htm [Accessed 27 March 2015].
Seligman, M. and Csikszentmihalyi, M., 2000. *Positive Psychology: An Introduction.* The Introduction to the Millennial Issue of the *American Psychologist*, 1–22. Available from: http://www.google.com/search?q=seligman+positive+psychology+an+introduction&rls=com.microsoft:fi&ie=UTF-8&oe=UTF-8&startIndex=&startPage=1&rlz=1I7ADFA_enFI440 [Accessed 22 March 2013].
Sen, A., 2009. *The Idea of Justice.* London: Penguin Books.
Sennett, R., 2003. *Respect in a World of Inequality.* New York: W.W. Norton & Company.
Thompson, S., 2016. Promoting Reciprocity in Old Age: A Social Work Challenge. *Social Work in Action*, 341–355. http://dx.doi.org/10.1080/09503153.2015.1135892. [Accessed 15 May 2016].
Tuan, Y. F., 1987. *Space and Place: The Perspective of Experience.* Minnesota: University of Minnesota Press.
Tuomela, R. and Mäkelä P., 2011. Sosiaalinen toiminta. *In:* T. Kotiranta, P. Niemi and R. Haaki, eds. *Sosiaalisen toiminnan perusta.* Helsinki: Gaudeamus, 87–112.
Törrönen, M., 1999. *Lasten arki laitoksessa.* Helsinki: Helsinki University Press.
Törrönen, M., 2012. Sosiaalityö ja arkinen hyvinvointi – vastavuoroisuuden dialektiikka [Social Work and Well-being – the Dialectics of Reciprocity]. *Janus*, 2 (20), 182–191.
Törrönen, M., 2014. *Everyday Happiness: The Everyday Well-Being of Families with Children.* Publications of the Department of Social Research 2014: 3. Helsinki: University of Helsinki.
Törrönen, M., 2015. Toward a Theoretical Framework for Social Work – Reciprocity: The Symbolic Justification for Existence. *Journal of Social Work and Ethics*, 12 (2), 77–88. Available from: www.jswve.org [Accessed 30 Oct 2015].
Törrönen, M., 2016. Vastavuoroisuuden yhteisöllinen luonne. *In*: M. Törrönen, K. Hänninen, P. Jouttimäki, T. Lehto-Lundén, P. Salovaara and M. Veistilä, eds.

Vastavuoroinen sosiaalityö. Helsinki: Gaudeamus, 39–56.

Van der Zee, K. and Perugini, M., 2010. Personality and Solidary Behavior. *In:* D. Fechenhauer, A. Flache, A. P. Buunk and S. Lindenberg, eds. *Solidarity and Prosocial Behavior: An Integration of Sociological and Psychological Perspectives. Critical Issues in Social Justice.* New York: Springer, 77–92.

第三章　社会工作中的互惠与规范性

——基于能力视角的一对复杂关系

伯纳德·巴比克

引　言

本章将重点讨论互惠在社会工作中的具体含义，以及互惠与规范性之间的关系。我认为，如果不能对规范性进行足够的反思，就难以对互惠有充分的理解。

我将首先从互惠的一些基本观点出发，然后重点讨论社会工作中的一些规范所面临的挑战。为了对相关方面进行更具体和差异化的讨论，我将提到“能力视角”，并介绍其推广后所产生的一些效果。最后是本章的结论，涉及互惠和规范性之间的关系。

关于互惠的述评

正如我们在前几章中所看到的，互惠是一个极具挑战且覆盖面广的研究主题。互惠包含实践、符号和道德等多个维度（参见本书第二章托伦宁的观点），对福祉有重大影响（参见本书第一章卡里斯托的观点）。这已经在某种程度上说明了互惠具有不可否认的重要性。“人在互惠中成为人”或“互惠……是社会的重要原则”（Becker，1956：94；Hobhouse，1951：12），这些陈述强调了互惠对个人和社会的重要意义。

尽管没有人质疑互惠的重要性，但如何对其进行精确定义仍然不太清晰（Gouldner，1960：161，Perugini et al.，2003：251）。当然，这与以下事实有关：许多不同的学科（包括社会学、社会生物学、社会心理学、经济学、人类学和政治科学）从其特定角度理解这一术语。因此，一个简单的定义很难满足所有要求。在本章中，我不会尝试解决这一问题。但是，我将强调互惠的一些基本方面，这些方面对社会工作非常重要。

古尔德纳（1960：161）提到有必要在以下方面进行区分：（1）互惠是通过互相交换获得满足的一种模式；（2）互惠的存在论或民间信仰；（3）互惠的普遍道德规范。

关于互惠是通过互相交换获得满足的一种模式，克里斯蒂安·斯蒂格鲍尔（Christian Stegbauer，2011：28ff）区分了四种形式的互惠：

- 直接互惠。通常是两个个体间的直接交换关系。接受方直接回报对方，不一定立即，但最好是双方都认可的东西。
- 广义互惠。在这种交换中，受奖赏的人不是发起交换的人。例如，当某人被要求支付已接受的利益，或者赠予的人被视为一个群体的代表时，其后果可能是该群体中的另一个成员或整个群体从接受者的互惠行为中受益。
- 职位互惠。社会中的某些职位只需要一个证明其存在的对象，例如，医生与患者、社会工作者与案主等。这表明，这种互惠关系是不对称的，因为在某种情况下，不同的职位会导致权力分配呈现显著差异。因此，接受者基本上无法直接回馈同等价值的东西。但是，在谈论职位互惠时，并不一定会出现这种情况。
- 观点互惠。观点互惠指人们想象别人如何思考或感知的能力。这一点非常重要，因为这与在互惠过程中合理评估他人的期望有关。

互惠的信念是互惠产生的先决条件。在这种情况下，如果人们不能确信对方是互惠方或预期对方不会有合理互惠的行为，那么人们就不太可能采取互惠行为。

互惠也是一种道德规范，本质上或很大程度上可以理解为回报善良的责任。消极地说，它在某种程度上也证明了对不友善行为的报复是正当的。

当然，尽管以上这些反思并不全面，不足以定义互惠，但互惠的重要性显而易见。根据斯蒂格鲍尔（2011：134ff）的观点，对互惠关系的研究一定是研究任何社会问题的重要基础，因为个人和制度永远不是仅有的构成要素。在这种情况下，个人与制度之间的关系至少同样重要，如果不仔细研究、区分它们之间的互惠关系，就无法对它们进行适当的评估，正如我们可以从网络研究中学到的那样（例如，Stegbauer and Höuöling，2010）。因此，正确理解和评估社会工作关系中的互惠是必不可少的。

规范性挑战

然而，社会工作总是遇到一些规范性挑战。社会工作和社会都不能仅局限于确保公民生计这一件事上。至少在富裕经济体中，两者通常都旨在提高人们的生活质量，将国内生产总值（GDP）作为衡量指标受到越来越多的批评（参见 Stiglitz et al.，2008），更多的研究倾向于用测量福祉来替代（如 OECD，2015）。然而福祉这个概念似乎面临着与互惠类似的困难。两者的重要性毋庸置疑，但两者都缺乏一个公认的定义。乍一看，两者缺乏共识的原因似乎也相似，福祉也是许多学科都讨论的问题（参见 Babic et al.，2017），不同学科倾向于从自己的视角和优势来定义。互惠（也可被视为一种规范）在大多数情况下是中立的，可以作为一种行为被观察，但并不包含好或坏的评价。福祉不可避免地包含了应然的规范。福祉不仅是一种深刻的期待，还被贴上了一种向好发展的标签，并自然而然地包含究竟“什么是优秀的”或者至少“什么是够好的”这样的疑问。

在这一点上，休谟法则（Hume's law）提醒我们直接从“是”中推出“应该”是不恰当的（参见 Russe，2010）。按照这一论点，（经验）科学几乎不可能回答上述问题。即使我们不同意休谟的观点，也不能忽略这样一个事实，即科学家无权决定在多元化和民主社会中应做的事情。大多数情况下，这种决定是民主合法体制下议员的特权。

当然，这一限制也适用于社会工作者。为了避免在这种情况下受到他人的指导，与其他任何职业一样，建议就社会工作者的职业规范取向提出建议。但是，尽管他们明确要求改善案主的生活和这些活动的规范影响（参见 Otto and Ziegler，2012），作为专业人士，社会工作者没有能力完全自己决定其职业的规范取向，因为他们（或他们的雇主）通常代表社会行事。因此，社会最终要负责定义社会工作者的规范框架。除了这种形式上的论点，在许多情况下，该职业显然还不能清晰地做出回应，或者至少不能对社会工作者需要多少或哪种规范性发表意见（参见 Scherr, 2012）。

能力视角

能力视角最近引起了很多关注，尤其是在德语语境下有关社会工作规范性的讨论中。这主要是因为它在政治领域得以成功运用，并且与社会工作兼容（参见 Leßmann et al., 2014）。支持这一概念的人认为，它甚至有可能成为该行业的主要规范框架（请参阅 Otto and Ziegler, 2006），但也有不少人对此提出了疑问（参见 Babic, 2011）。我们必须意识到，上述讨论并不总是基于对该视角的足够差异化的理解（Babic and Leßmann, 2016）。因此，简要介绍一下它可能会对读者理解有所帮助。

继巴比克等（2010）之后，这种视角最初由经济学家、哲学家和诺贝尔奖获得者阿玛蒂亚·森提出。它被明确视为人类发展领域中新自由主义和功利主义政策指导方针的替代方案。阿马蒂亚·森（2001）建议，我们要问的是，某种发展或介入在何种程度上使人们过着他们真正想要过的生活，而不是根据国内生产总值、个人收入的增长、商品的可获得性或幸福感进行测量。换言之，能力视角重点关注人们如何根据他们的能力有效地做事，而不是他们拥有什么。这并不意味着收入、幸福感或商品不重要。但是从阿马蒂亚·森的角度来看，物质资源（如收入和商品）只是达到目的的方式，而幸福感可能是实现目的的结果。因此，仅仅或主要引用这些变量作为政策或评估人们福祉的指标是不够的。

能力视角下的福祉是个人能根据自己的价值观去生活的机会。能力视角还提出用个人自由度作为标准来衡量福祉水平。获得各种（物质、社会和环境）资源的中介，以及能将资源转化为有价值的事物和行为是福祉的先决条件。

> 如果一项政策的目的是使个人收入最大化，则可能迫使土著人民、自

给自足的农民或全职母亲从事有偿工作，否则他们会完全没有收入。能力视角则认为，在政策中关注自由可以帮助人们真正重视东西。关注自由会减少失真。

（Sabina Alkire，2005：1）

这种理解一方面强调了对个体及其能力和价值观的关注，使对福祉的评估成为一项聚焦个体的任务；另一方面，它强调个人嵌入社会中，社会应为个人提供足够的选择以获得福祉。这两个方面可以有很大的不同，并导致与追求福祉非常不同的出发点。因此，阿马蒂亚·森不提供任何类型的一般相关功能①或能力集②的预定义列表。这些必须在单独的情况下具体界定，而那些将首先受到一定政策（或干预）影响的人必须参与界定福祉的相关维度。当然，这必须在基于公共推理的民主进程中进行（参见 Schokkaert，2008：16ff）。

努斯鲍姆声称她的能力方法版本是阿马蒂亚·森的最初方法的进一步发展，她提供了十项核心能力的具体清单，如图 3 - 1 所示（请参阅 Nussbaum，2000；2006）。

为了达到足够水平的福祉，有必要在一定程度上实现所有这些条件，并且在它们之间没有任何取舍。尽管努斯鲍姆承认自己的清单并不全面且可以修改，但许多人批评她过于家长式，试图将这些清单普遍推及其他文化或社会背景（参见 Clark，2005：7）。在经验科学和相关领域，努斯鲍姆清单的附加值也受到质疑，它通常需要进一步说明以适当应用（请参阅 Schokkaert，2008：16f）。尽管如此，这样的清单对于引发有关福祉相关维度的辩论肯定是有用的。

但是，阿马蒂亚·森的能力视角和努斯鲍姆的能力视角之间的明显差异主要可以通过他们遵循的不同意图来解释。阿马蒂亚·森的能力视角主要是提高（国际）经济比较的基础和所提供的福祉，而努斯鲍姆主要关心普遍提倡的核心能力（请参见上文）。在不进一步详细说明由此产生的差异情况下，我只想强调能力视角的这两个概念所产生的互惠的不同含义。

---

① 对个人有价值的生命和行为。

② 一个人可以根据自己的资源和转换因素而过不同类型的生活。

1. 生命

能够活到正常寿命的尽头。不会过早地死去，也不会在生命质量太差以至于不值得活下去之前死去。

2. 身体健康

能够拥有良好的健康，包括生殖健康；得到足够的营养；有稳定的住所。

3. 身体完整

能够自由地到处移动；防止暴力攻击，包括性侵害和家庭暴力；有获得性满足和选择生殖的机会。

4. 感官、想象力和思想

能够利用感官来想象、思考和推理，并以真正人性化的方式做这些事情，这种方式受到充分教育的启发和培养，包括但绝不限于识字和基本的数学、科学训练。能够运用想象力和思想进行体验和创作自己的作品，包括宗教、文学、音乐等。在政治、艺术演讲和宗教信仰自由方面，能够以受到言论自由保障保护的方式使用自己的思想。能够有愉快的经历并避免不必要的痛苦。

5. 情绪

能够对自己之外的事物和人产生依恋；爱那些爱护我们的人，对他们的缺席感到悲伤。一般来说，要爱，要悲伤，要经历感激和合理的愤怒。情绪不受恐惧和焦虑的影响。

6. 实践理性

能够形成良好的观念并能对人生规划进行批判性思考。

7. 联系

(1) 能够与他人共处；认识并关心其他人；进行各种形式的社会互动；能够想象另一个人的处境并对这种处境有同情心；具有维护正义与增进友谊的能力。

(2) 具有自尊和不屈辱的社会基础。能够被视为有尊严的人，其价值与他人的价值平等。这就要求防止基于人种、性别、宗教、种姓、种族或国籍的歧视。

8. 其他物种

能够与动物、植物和自然世界和谐共处。

9. 玩

能够笑、玩和享受娱乐活动。

10. 控制个人所处的环境

(1) 政治。能够有效地参与决定自己生活的政治选择。享有政治参与权，言论自由和结社自由受到保护。

(2) 物质。能够持有财产（土地和动产）。有权在与他人平等的基础上寻求就业机会。免受无正当理由的搜查和扣押。

图 3-1 核心能力清单（根据 Nussbaum，2000：78ff）

从阿马蒂亚·森的角度来看,互惠主要被理解为描述我们关系的基本方面,可以被视为个人社会资源的重要组成部分,也是通过成长为更好的自己或形成良好的行为来实现福祉。而努斯鲍姆认为问题并不那么明显,因为她主要指的是作为一个整体,国家或社会必须保障其公民具有普遍核心能力。有人可能会说,互惠的概念在某种程度上包含在以下事实中:公民及其互惠关系正在构成国家及其制度。

社会工作和互惠的潜在后果

如果人们认同将能力视角作为社会工作的规范性框架,那么这也包括认同社会工作项目或干预评估必须基于支持人们真正过上美好生活的程度。

根据阿马蒂亚·森的理解,对能力视角进行操作化意味着社会工作者必须首先从案主的角度确定什么是美好生活,并对其具体价值观保持高度敏感性(如 Babic et al., 2010)。在这个过程中,案主的积极参与不可避免。因为社会工作者无法事先确定精准的目标,要实现美好生活,一方面社会需要有适当的机会或自由,这是社会外在条件,包括法律或制度;另一方面,社会工作者必须同时关注个人的回应能力和意愿。社会工作是基于"量体裁衣"的灵活性战略(如基于社区的方法),而非高度标准化和制度化的常规做法(如循证)。社会工作的任务是支持案主发展自己的能力,根据案主对美好生活的理解来帮助他们实现有价值的生活方式和行为,并积极努力为案主提供机会。从这个角度来看,将阿马蒂亚·森的能力视角视为规范性框架的社会工作,揭示了与该学科及其实践的最新理论和概念的许多共通之处。尽管这并不能回答有关能力操作化的所有问题,但人们可以对可能的结果产生第一印象。

然而,遵循努斯鲍姆的能力视角不一定会导致类似的明显结果。由于她列出的核心能力清单,似乎存在相当大的风险,导致出现相当独断的家长式社会工作概念。为了公平起见,有必要补充一点,努斯鲍姆本人说她的清单在应用于特定上下文时,至少需要一个说明,并且基本上可以对其进行修改(即使她没有明确提及如何修改)。然而,控制个体在预定义的每个维度中达到何种程度(无论案主是否同意观点)可以被理解为社会工作的中心任务。此外,未达到这一水平可能被解释为个人的失败或无法容忍的缺乏意愿。这样,核心能力清单甚至可能被(滥)用于限制个人自由。实际上,由于努斯鲍姆的视角中具有较大的家长式风险,一些社会工作者较少使用这种方式,他们认为这是一种非常值得怀疑的,旨在详细指导人们该如何生活的企图(参见 Bossong, 2011)。

当然,这种对努斯鲍姆家长式意涵的解释是否恰当,是值得质疑的。但遗憾的是,这里不是进一步讨论这个问题的地方。在这种情况下,更重要的问题是厘清规范性和互惠之间的关系。对阿马蒂亚·森与努斯鲍姆的家长式解释之间的简单区分已经表明,仅观察互惠不一定能提供重要的信息。通常,如果也考虑了规范性取向,人们才会更好地了解社会工作中的实际情况。

例如,在斯蒂格鲍尔的四种互惠形式中,很明显,广义互惠和职位互惠对社会工作非常重要。案主通常不会直接与社会工作者交换满足感,因为社会工作者会因服务获得社会酬劳。然而,案主证明了社会工作者的存在是有意义的。但是,在阿马蒂亚·森的能力视角指导下,专业人士和案主之间的权力分配是不对等的,尤其是对观点互惠的忽视,危害到了社会工作中案主的参与和协作的必要性。如果从家长式视角出发,这可能根本不是问题。因此最后,通常不可避免的是要询问某种互惠与社会工作的“官方”规范取向是否兼容。互惠可以通过这种方式,作为衡量服务充足或不充足的指标。

此外,作为一种道德规范,互惠可能也给社会工作的发展带来了挑战。由于社会工作者难以从案主那里马上得到反馈,甚至有时案主是被迫使用相关服务,如果更仔细地审视这些问题,可能会更好地解释社会工作的失败或功能失调的现象。案主通常无法给予同等回报,有时甚至被迫成为社会工作者的案主,这会成为案主羞耻感的潜在来源。通过提供更多的与社会工作者互动的机会,从而避免给案主带来羞耻感,仍然是一种被低估的、有助于提升社会工作效能的方式。

结　论

互惠无疑是社会工作的中心议题,它是各种社会现象,包括职业关系的重要组成部分。对社会工作者与案主之间的关系进行充分评估或理解时,需要考虑互惠。然而对社会工作中互惠的意义及其理解,在很大程度上取决于社会工作的规范性框架。从能力视角讨论互惠说明了互惠与规范之间存在矛盾关系。如果按照阿马蒂亚·森的能力视角,未能为案主提供(直接)互动的机会可以被视为社会工作者操作不当的指标之一,或者至少被视为对能力视角的操作化不足。如果根据对努斯鲍姆能力视角的家长式解释,情况不一定如此。

因此,我们可以得出结论:互惠肯定有利于提升社会工作的实践效果(代表"是")。同时,如果社会工作能在一个明确的规范性框架(代表"应该")中,一定能显著提高互惠的附加值。理想情况下,如果可以从设定好的(自己施加的或社会要求的)规范性出发,通过对可观察的互惠形式进行比较,就可以发现哪种社会工作更适合。换句话说,它不仅告诉我们社会工作者与案主之间有哪种互惠,而且让我们提出一个根本性的问题:在给定的背景下,缺乏某种形式的互惠是否有意义,以及在多大限度上是有意义的。

参考文献

Alkire, S., 2005. *Capability and Functionings: Definition & Justification*. Briefing Note. Boston, MA: Human Development and Capability Association.

Babic, B., 2011. Ohne intellektuelle Redlichkeit kein Fortschritt. Kritische Anmer kungen zum Umgang mit dem Capability Approach aus erziehungswissenschaftlicher Sicht. *In:* Sedmak, C., Babic, B., Bauer, R., and Posch, C., eds. *Der Capability Approach in sozialwissenschaftlichen Kontexten. Überlegungen zur Anschlussfähigkeit eines entwicklungspolitischen Konzepts*. Wiesbaden: VS Verlag, 75–89.

Babic, B., Eiffe, F., Gärtner, K., and Ponocny, I., eds., 2017. Well-Being -Forschung in Österreich. *Momentum Quarterly – Zeitschrift für sozialen Fortschritt* [online], 6 (2). Available from: https://www.momentum-quarterly.org/index.php/momentum.

Babic, B., Graf, G., and Germes Castro, O., 2010. The Capability Approach as a Framework for Evaluation of Child and Youth Care. *European Journal of Social Work*, 13 (3), 409–413.

Babic, B., and Leßmann, O., 2016. Zwischen Wunsch und Wirklichkeit? Schlaglichter zur Rezeption des Capability/-ies-Ansatzes in der deutschsprachigen Sozialen Arbeit. *In:* Borrmann, S., Michel-Schwartze, B., Pankofer, S., Sagebiel, J., and Spatscheck, C., eds. *Die Wissenschaft Soziale Arbeit im Diskurs - Auseinandersetzungen mit den theoriebildenden Grundlagen Sozialer Arbeit*. Opladen: Barbara Budrich, 197–216.

Becker, H., 1956. *Man in Reciprocity*. New York: Prager.

Bossong, H., 2011. Wohl-Wollen, Staatsauftrag und professionelles Eigeninteresse. Eine Kritik aktueller fachdisziplinärer Maßstäbe in der Sozialen Arbeit. *neue praxis*, 6, 591–617.

Clark, D., 2005. *The Capability Approach: Its Development, Critiques and Recent Advances*. Oxford: GPRG.

Gouldner, A., 1960. The Norm of Reciprocity: A Preliminary Statement. *American Sociological Review*, 25 (2), 161–178.

Hobhouse, L. T., 1951. *Morals in Evolution: A Study in Comparative Ethics*. London: Chapman & Hall.

Leßmann, O., Gutwald, R., and Babic, B., 2014. Der Capability-Ansatz: Ein weiterer ökonomischer Ansatz auf dem Vormarsch? *In:* Panitzsch-Wiebe, M., Becker, B., Kunstreich, T., eds. *Politik der Sozialen Arbeit – Politik des Sozialen*. Opladen: Barbara Budrich Verlag, 160–171.

Nussbaum, M., 2000. *Women and Human Development: The Capabilities Approach*. Cambridge: Cambridge University Press.

Nussbaum, M., 2006. *Frontiers of Justice: Disability, Nationality, Species Membership*. Cambridge, MA: Harvard University Press.

OECD, ed., 2015. *How's Life? 2015: Measuring Well-Being*. Paris: OECD Publishing.

Otto, H. U., and Ziegler, H., 2006. Capabilities and Education. *Social Work & Society* [online], 4 (2), 269–287. Available from: http://www.socwork.net/sws/issue/view/10 [Accessed 13 Oct 2016].

Otto, H. U., and Ziegler, H. eds., 2012. *Das Normativitätsproblem der Sozialen Arbeit. Zur Begründung des eigenen und gesellschaftlichen Handelns*. neue praxis, Sonderheft 11, Lahnstein: Verlag neue praxis GmbH.

Perugini, M., Gallucci, M., Presaghi, F., and Ercolani, A., 2003. The Personal Norm of Reciprocity. *European Journal of Personality*, 17, 251–283.

Russel, G., 2010. In Defence of Hume's Law. *In:* Pigden, C., ed. *Hume on Is and Ought*. New York: Palgrave MacMillan, 151–161.

Scherr, A., 2012. Wieviel und welche Normativität benötigt Soziale Arbeit? *In:* Otto, H.-U. and Ziegler, H., eds. *Das Normativitätsproblem der Sozialen Arbeit. Zur Begründung des eigenen und gesellschaftlichen Handelns*. neue praxis, Sonderheft 11, Lahnstein: Verlag neue praxis GmbH, 11–24.

Schokkaert, E., 2008. *The Capabilities Approach*. Rochester, NY: Social Science Research Network.

Sen, A., 2001. *Development as Freedom*. Oxford: Oxford University Press.

Stegbauer, C., 2011. *Reziprozität. Einführung in soziale Formen der Gegenseitigkeit*. Wiesbaden: VS Verlag für Sozialwissenschaften.

Stegbauer, C., and Häußling, R., eds., 2010. *Handbuch Netzwerkforschung*. Wiesbaden: VS Verlag für Sozialwissenschaften.

Stiglitz, J., Sen, A., and Fitoussi, J. P., 2008. *Issues Paper*. Paris: Commission on the Measurement of Economic Performance and Social Progress.

第二部分　实践和社区环境中的互惠

第四章　同伴主导型互助团体中的互惠

——对社会政策与社会工作实践的启示

卡罗尔·芒恩·吉丁斯

托马西娜·博克曼

引　言

本章将探讨同伴主导型互助团体(mutual aid groups, MAGs),这是在欧洲和北美地区发展较快的一种公民主导型社会支持网络形式(Elsdon et al., 2000)。互助团体由健康状况或社会处境相同、具有直接生活经验的人领导和管理。首先,我们对互助团体的核心特征和实践中的多样性进行定义。我们发现互助团体具有三个特征。第一个特征是在“分享圈”的过程中,身份地位相同的人分享自己的经验并倾听同伴群体的经验。第二个特征在于“分享圈”的组织层面。第三个特征在于围绕“分享圈”发展而来的专业关系网络。我们探讨了嵌入这三个特征中不同的互惠类型,以及相关过程如何引导参与者转变对自身处境、代理权、赋能和反污名化等问题的看法。借助新兴的关系社会学和关系型社会工作理论,以及描述和比较关系差异的社会性理论,我们阐明了同伴之间共享的特殊性质,以及专业人士与案主关系的不同之处。我们认为互助团体不是要替代专业服务,而是具有特殊价值,是专业人士与案主关系中无法复制的一项活动。

最后,我们讨论了从互惠、集体公民代理中可以学到什么,以及从业者和社会政策制定者如何更好地回应公民的需求。我们特别关注政策制定者和从业者如何理解并区分个体经验与互助团体在互惠过程中,积累的集体知识和智慧之间的差异性。

关于定义的问题

本章聚焦互助团体，通过召集那些共同面临健康、社会问题或被污名化的人组成同伴群体，以改善他们的处境或状况。尽管这些群体存在很大差异，并且在术语上缺乏共识，但现有研究已经有若干关于这类群体的讨论(Borkman and Munn-Giddings, 2010a)。

我们特别关注由同伴主导的群体，他们的知识主要源于直接的生活经历(Munn-Giddings et al., 2016)。这些群体的共同特征是，他们管理并为类似处境的人服务，与受过训练的专业人士(如社会工作者)运营管理的团体相区别，后者在学术文献中通常被称为支持性团体。成立互助团体是为了改变其成员的处境，而不是提供社交活动或其他休闲活动的社交俱乐部，也不是作为慈善机构或慈善团体向他人提供帮助。

互助团体的特征与实践多元化

作为一项自愿行动，互相支持一直以各种形式存在于人类社会中。彼得·克罗泡特金(Peter Kropotkin, 1914)通过经验性观察发现，在动物世界中，互助与“适者生存”一样普遍。他将这一特征加以理论化建构并用于解释人类社会。互助发生的形式与它出现时的经济、社会和政治条件有关(Gidron and Chesler, 1994; Dill and Coury, 2008; Matzat, 2010; ka, 2013)。

自20世纪70年代以来，欧洲、北美洲、南美洲以及日本的大多数互助团体都聚焦在与健康状况或社会处境相关的“单个问题”上。他们讨论的范畴涵盖了所有可能的身体、心理健康和社会状况(Munn-Giddings et al., 2016)。互助团体通常由一个人或一群人发起，他们希望面临相同处境的人们可以互相支持。发起成立抑或选择加入的理由各异，但很多是由于专业服务缺失、服务不足或不恰当而开始的(Borkman, 1999)。也有研究表明，有些加入互助团体的人即便拥有专业和家庭支持，但依然在寻找其他性质完全不同的支持，比如，寻找类似处境的同伴相互扶持（Munn-Giddings and McVicar, 2007）。

互助团体通常面对面开会，但随着互联网使用率的提高，一些互助团体在线上举办“虚拟”会议（Boyce et al., 2014）。会议场地的选择有赖于财务状况，包括教堂、社区中心、医院、日间中心、图书馆、成员的家等都是潜在场地。许多互助团体的面对面会议每周或每月举办一次，有时根据病症类型来调整见面的频率。会议一般持续一到两个小时。团体的预期存续时间也有差别。生命过渡组，如离婚、母乳喂养或丧偶，通常是短期的，可存续一到两年。而具有长期的健康问题、戒瘾问题或严重精神困扰的群体可能会存续数十年（Borkman, 1999）。

由于互助团体基于同伴互助，因此原则上同伴间的关系是平等的，领导者经常轮换，管理方式比较民主。帮助一般是自愿的，无需付费或进行金钱交易。在许多互助团体中，同伴间的友谊和社会关系得以发展，有时甚至超出团体参与的范围。由于它们通常是自发组织的、非正式的，可能存续期较短，因此很难完整地统计出这些团体的种类和数量。当然，也有许多团体在官方统计的志愿行动和非营利组织的统计数据中有所记载。

在国际上，互助团体的差别主要体现在三个重要方面（Gidron and Chesler, 1994）：第一，各国的经济、健康、福利制度、公民社会发展程度不同，从而影响了个人、专业人士和国家之间的关系；第二，一国之内的人口、族裔及文化阶层之间的差异会影响关系的类型；第三，团体是基于何种议题或问题发展起来的，会影响团体的性质。

互助团体的发展在不同国家间有一些重要的差异。例如，北欧国家拥有极为完善的卫生和福利系统，许多互助团体的发展受国家福利系统支持，并且可以纳入一名公职人员作为组织者（Stokken and Munn-Giddings, 2012）。克罗地亚拥有许多健康和福利团体，包括互助团体（Dill and Coury, 2008）。日本法律规定民间社会组织必须由专业社会工作者提供服务，因而由同伴主导的互助活动被排除在外（Laratta, 2013）。研究还表明，采用 12 步康复法（The 12-step programme）的团体与社区中非正式发展的团体（有时也被称为“草根团体”）之间存在重要差异。采用 12 步康复法的互助会（如酒精成瘾匿名互助会等）大都与成瘾有关。12 步康复法基于个人和团体发展的灵性，既包括解决个人的成瘾问题，也包括帮助他人扫清障碍并进行反思。它强调通过帮助他人来帮助自己——这也是第 12 步（Riessman and Carroll，1995）。采用 12 步康复法的团体拥有遍布全球的网络，并遵循平等和民主领导的“传统”组织原则。领导者轮流当选，被誉为团体的仆人（Borkman，2006）。

相比之下，在大多数国家，由公民从零开始建立的草根团体会制定自己的基本规则和运作方式，有些规章制度必须在国家慈善制度的框架之内。草根团体的组织结构可能比采用 12 步康复法的团体更为多样化，特别是多样化的领导风格和互惠规范。如果团体的创始人由颇具魅力或强有力的人担当，可能还会遇到领导人的继任问题（Block and Rosenburg，2002）。在实践中，所有互助团体都有一些核心问题，比如，每个成员都有机会讲述他们的故事（Borkman and Munn-Giddings，2010b）。

互助团体在独特社会关系中的互惠

互助团体的成员创建、利用并受益于独特的帮助关系，他们也学会了维护关系，在关系中妥协。这种关系不同于专业人士与案主之间、志愿者与服务接受者之间的关系，也不同于一般的友谊关系。在互助团体中，关系的独特性在于需要明确成员之间互惠的意义、形式和标准。在互助团体中，关系社会学是有用的，因为它描述了人们的行为、态度、身份，以及人们的关系（Donati，2011；Burkitt，2015）。关系社会学侧重于揭示关系的细节，并详细描述、比较它们之间的差异。

阿兰·佩奇·费斯克（Alan Page Fiske，1992）关于社会交往的观念放大了人际关系中的差异。他提出几乎所有文化都广泛存在四种基本社会交往形式。我们这里使用其中的三种，即公共分享、权威等级和平等匹配。我们可以用这三种形式来描述互助团体中的关系，并将其与其他类型的帮助关系进行比较。公共分享出现在这样一种关系中，即属于特定类别或群体的任何人都可以平等地接受和给予帮助，所有人都是平等且没有差别的。

互惠被定义为免费提供和接受帮助，无须计算谁得到的多或谁付出的最多。权威等级是基于社会维度上的线性排序。等级较高的人拥有下层群体缺乏的特权，但其下属往往有权获得保护和关怀（Fiske, 1992：691）。互惠是根据上级来定义的，上级可以调配或抢占他们想要的东西，但对下属负有一定的责任。平等匹配基于均衡的模式和一对一的对应关系，如轮流索取、友好互惠或针锋相对的报复行为。

互惠涉及互助团体运作的三个方面，即分享圈、组织维护和关系网络。分享圈是互助团体的核心，成员之间就焦点问题分享个人经历。聚集分享圈、其他领导职能，以及与组织维护相关的问题是第二个方面。围绕分享圈衍生的更大的专业关系和友谊网络构成了第三个有趣的方面。

费斯克认为，三种基本的社会交往形式在分享圈、组织维护和关系网络中都有不同表现，同时这些差异在不同互助团体中也有体现。已有研究表明，几乎所有互助团体都会在分享圈中进行公共分享。然而，这些见解构成了一个新的分析领域，并且尚未针对互助团体组织维护和关系网络中的互惠差异进行具体研究。可见，在组织维护和关系网络中，决定采取哪种互惠社会形式的主要因素是互助团体的互惠规范是否缺失。当组织维护或关系网络中缺少公共分享规范时，个人的偏好、个性或其他因素可能会影响他所采用的社交形式，但需要进一步研究来阐明。

分享圈：公共分享或互助的站点

互助的核心要领是在分享圈的小组环境中，同伴之间分享经历，并相互倾听，这本质上是互惠的过程。分享圈意味着同伴互动的非等级和平等的性质、封闭和保密的参与，以及互助关系是私人的、可信的（Borkman, 1999）。

用费斯克（1992）的话来说，公共分享是互助团体分享圈的基础。团体依据需要解决的问题（通常是慢性健康问题、被污名化、社会问题或经济问题）而成立。任何面临焦点问题的人都被鼓励参加团体，并且被称为同伴。同伴之间都是平等的。家庭成员或朋友在各个团体中的定位不同。中风患者团体包括家庭成员，但他们将被分入不同的分享圈；酒精成瘾匿名互助会仅面向戒酒者；酒精中毒者自主治疗协会聚焦成员的家人和朋友(Borkman, 1999)。焦点问题的专家通常被排除在分享圈之外,因为担心他们会通过权威等级破坏平等的互动。尽管包括互助团体在内的任何团体都有可能出现权力失衡的情况,但是互助团体的出发点在于同伴之间的关系是相互依存的,而不是互不相干的一部分人(专业人士)之间的助人关系。

在分享圈中,人们轮流讲述自己的生活经历,每个人叙述特定经历的方式都有些不同。例如,在讨论如何处理家人对他们的反应时,会听到有关该主题的各种观点和不同的应对方式。根据比较社会理论(Brown and Lucksted, 2010),参与者也会在心理上向上比较自己。例如,如果她在尝试后感觉更好,我也可以尝试,感觉会更好。或者与过去相比,当我还是这个团体的新成员时,我做出了如此糟糕的决定;我走过了一段很长的路。成员们撰写有关他们个人传记的故事或记叙材料,部分内容来自他们的同伴(Cain, 1991)。希望、普遍性(即在困扰处境中并不孤单)和归属感重塑了个人对处境的理解,并对个体赋能,让个体学会以不同的方式行动和思考,这些都是一些常见的治疗方式(Kurtz, 1997)。

团体中既包含短期成员,也包含长期成员。长期成员针对某焦点问题已经讨论了一段时间,部分成员对如何处理一些问题已经积累了经验知识,获得了权威感,他们的处境已经得到了一些改善。但新来者处于早期学习的阶段,可能还面临较大压力。他们在加入团体之前,已经尝试运用其他方法来解决焦点问题,但效果并不明显。新来者通常直呼其名(Borkman, 1999),这也是互助团体的特征之一,体现了团体的非正式和非官僚性质。一些新来者只参加了一两次会议就再也没有回到团体中(Kurtz, 1997)。他们的苦恼受到重视,一些成员正在或曾经遇到过类似的情况。因为具有相似的经历,所以团体中的成员更容易认同彼此并开展交流。也有一部分成员因为目睹团体中其他同伴情况改善后离开团体,从而产生不安情绪。部分成员如果与团体其他成员有不同的世界观或价值观,也可能中断活动(Kurtz, 1997)。正是由于他们的苦难遭遇,他们成为其他有类似困境的人员的某种资源(Steinberg, 1997)。面对软弱和脆弱,同伴们互相帮助,而帮助者一方面接受他人帮助,另一方面也在利用自身优势帮助他人。

相互信任是成员之间建立互惠关系的基石。一方愿意对另一方表达脆弱,是基于相信另一方是仁善的、可靠的、称职的、诚实的和开放的(Megan Tschannen-Moran and Wayne K. Hoy, 2000: 556)。加入互助团体的成员愿意相互信任,不仅因为他们当下处于弱势地位,比如,他们特别需要帮助,还因为当他们已经竭尽所能尝试其他人(如家人、朋友)的社会支持后,日益感受到相互信任的重要性(Munn-Giddings and McVicar, 2007)。如果我们要在充满风险的环境中前进,而我们自己又十分脆弱,那么我们需要相信他人会支持、理解,或者至少愿意倾听我们的需求(Alan Feldman, 2015)。在互助团体中,信任关系是通过多种方式建立起来的。第一,个体对其他具有相同或相似问题的人进行识别(Borkman, 1999; Adamsen, 2002)。第二,自愿参与的第三方部门是慈善性质的,不收取任何费用(基本上是免费的帮助),没有官僚作风,也没有具有较高地位的专业人士。第三,禁止非同伴群体参与,严格执行保密规范。在保密规范的约束下,只有同伴可以互相交流,而且不会闲聊。个人在团体内所说的话不应与团体之外的其他人讨论。第四,需求言辞不带评判、不争吵、尊重对方、不高傲自大,这涉及言论的规范或准则被定义为一种对话形式(Bohm, 1987, 1996; Dixon, 1996)。对话是指非竞争性和非争论性的话语,其目的是集体学习和建立共享的理解和意义体系。酒精成瘾匿名互助会和其他采用 12 步康复法的团体制定了话语规则,包括:不打断他人说话、不与他人争论或产生矛盾;仅根据自己的经历发言(自我叙述);不提供直接的建议;不讨论政治、宗教或科学理论(Makela and others, 1996: 140 - 141)。其他团体可能会分享更多的对话(如在对话中直接回应对方所说的话),但是这些团体可能有类似的话语规则,例如,避免对抗、提供建议或针对政治、宗教进行讨论(Borkman and Munn-Giddings, 2010b)。

其他机制也会强化互惠,尤其是幽默和帮助他人。在互助团体中,经常可以看到对某成员面临的情况开玩笑,但在专业场合中或在非同伴看来,这种幽默感通常被认为不合适(Cain, 1991; Munn-Giddings, 2003)。对困难处境采取轻视的方式并不是什么新鲜事。西格蒙德·弗洛伊德(Sigmund Freud, 1906)将其称为“绞刑架幽默”(gallows humor),并且认为在护理行业中，这样的幽默也是一种应对方式（参见 McCarroll et al., 1993; Broussine et al., 1999）。但是，在互助团体中，这种幽默是与共同理解正在面对的严峻局面有关的，这样一来，个人更愿意分享自己的弱点和优势，进而在本来充满压力的生活中重新获得一些共同的"幸福"或平静。

分享圈的互动是互惠的。从最简单的层面出发，同伴倾听可以发挥分享圈的功能，进而开展自我叙事的对话，而这本身就是一种社会支持。在这个简单的交互过程中，互助得以产生。芬兰社会学家伊尔卡·阿尔米宁（Ilkka Arminen, 1998）运用对话分析（一种非常详细的，分析单词、断句和所有语句的方法），展示了在酒精成瘾匿名互助会这个安全信任的空间内，成员如何通过彼此分享来建立相互支持。

心理学家埃德加·沙因（Edgar Schein, 2011: 35）认为，每一种帮助关系都处于失衡的状态，帮助者处于支配地位，而受助者处于弱势、依赖他人的地位。解决不平衡问题的办法是采取干预措施，以提高受助者的地位（Schein, 2011: 47）。分享圈为其成员提供了持续不断的机会，成员们不仅可以获得帮助，还可以帮助其他人，使帮助者和受助者之间的关系保持平衡。弗兰克·利斯曼（Frank Riessman）坚持认为，互助团体最基本的方面在于它们的活动是基于互惠形式的，这种互惠形式被称作辅助治疗原则。辅助治疗原则意味着那些给予帮助的人得到的帮助是最多的（Riessman and Carroll, 1995: 157）。那些参与团体活动的人在帮助他人的同时也得到了帮助和支持（Riessman, 1965），一个因生存困难而陷入窘境的人成了其他困难者的资源（Steinberg, 1997）。互助团体之所以如此有效，部分原因是它们为受助者提供了成为帮助者的机会，即扮演了帮助者和受助者这两个角色。有趣的是，向他人提供帮助通常被成员视为参加互助团体的主要益处（Munn-Giddings, 2003; Seebohm and others, 2013）。例如，一项针对不同种族群体的乳腺癌互助团体的研究发现，所有团体内部的成员都将"帮助他人"列为参与该团体的最大益处，接受帮助的三个方面（向他人学习、得到鼓励、谈论忧虑和恐惧）的价值则排名较低（Corvin et al., 2013）。

组织维护

互惠的第二个方面是团体维护的组织问题。在所有团体中，甚至在平等的团体中,都需要领导职能(例如,召集分享圈、安排会场、招募新成员、准备茶点)。各团体之间在组织维护方面的互惠形式存在很大差异,这可能很大程度上取决于该团体的行动规范。许多团体的成员轮流当领导,让许多成员参与团体维护这一点可以证明费斯克的"公共分享"概念。例如,采用12 步康复法的团体将为同伴和团体提供服务作为项目的支柱。实际上,第12 步指的是帮助同伴群体参与该项目(Makela and others, 1996),因此他们有很强的规范性,即每个人都应该为组织维护做出贡献,这也是集体互惠的规范。经验丰富的成员可能会率先执行组织任务,直到新来的成员已经准备好向他人提供帮助为止。

相比之下,许多草根组织没有制定成员如何为组织维护做出贡献的互惠义务规范。相反,领导者的个人偏好会影响他们的互惠形式。路易斯·J.梅德维尼和凯拉·R.蒂尔(Louis J. Medvene and Cayla R. Teal, 1997)发现,草根组织的领导者在互惠义务的方向上各不相同。一些具有公共分享取向的领导者认为互惠是基于需求的,如果一个人在得到小组的帮助后没有能力或意愿为组织维护做任何贡献,也是可以的。其他具有公共分享取向的领导者通常对成员在得到自己所需后离开团体而又不对组织维护做出回馈这一现象持矛盾态度(Medvene and Teal, 1997)。在一些由强势领导者建立的团体中,创始人固执地控制着团体,从而阻止其他人参与,给团体带来困难(Block and Rosenburg, 2002)。志愿团体中的每个人主要是为了改善其个人状况而参与的,志愿团体中的领导人物是基于团体维护的职能(Forsyth 2006),而不是指导或命令人们。成员对团体所有权的拥有非常重要,可以创造参与和赋权的机会。但是,如果没有明确规范促进组织维护,那么每个人都会对什么才是适当的互惠类型进行个人定义。值得注意的是,由于分享圈和组织维护功能在互惠期望方面不同,因此这两者之间可能会产生张力。

围绕互助团体建立的关系网络

互惠的第三个方面是在互助团体内部及其周围发展关系网络。许多团体致力于建立赞助或者伙伴关系。采用 12 步康复法的团体的赞助者是经验丰富的成员，他们与新人建立一对一的关系，以指导他完成这 12 个步骤。例如，害怕在公开场合表达自己的成员在餐厅点餐讲话结巴时，会带着自己的伙伴练习如何准确地点到自己想要的食物（Borkman, 1999）。尽管有大量文献研究赞助或伙伴关系，但是详细描述关系中的互惠规范的文献仍然较少。民俗学谈到赞助者的个性可能会影响社交方式（Kurtz, 2015）。一些赞助者具有权威导向，下达命令并期望自己的建议不被质疑。还有一些赞助者会以更平等的方式提出建议，并讨论可供选择或替代的方案。在此过程中友谊也得到了发展，成员们在互助团体之外也可能建立紧密的友谊，提供像朋友一样的帮助。人们对互惠的期望将更加个体化。聚焦分享圈外的人际关系和社交网络的研究较少，研究者可能认为其研究范式属于专业性质的团体辅导，不鼓励团体之外的关系，因此更关注分享圈内的关系。

提供食物、咖啡或茶，抑或开展社交活动，都是帮助建立关系和互惠的机制。但它们在分享圈中通常是次要的。许多采用 12 步康复法的团体以蛋糕、茶和咖啡来庆祝个人保持清醒的周年纪念日。但对自残者来说，互助团体是个例外。在受到高度污名化的自残者团体中，在团体活动开展期间分享食物是一种将复杂且污名化的生活加以标准化的方法（Boyce, 2016）。

获得能动性的学习过程、意识提升及其发展

参与分享圈本质上是一个接受帮助和给予帮助的学习过程。在互助团体中运用和创建的知识类型被称为“经验知识”，它们以直接的、生动的和具体化的经验为基础。一个人的经历是主观的且可能是不言自明的（Borkman, 1976；1999）。被诊断出问题的新成员可能对自己的不适状况只有很少的经验。长期面临健康、经济或社会问题的新成员可能具有隐性知识，并不了解可以从自己的生活经历中学到很多东西，但是他们需要增强意识以获取隐性知识。为了将原始经验（通常是一些最初的想法和感觉）转化为有意义且具有一定连贯性的知识，参与者必须经历反思性过程（Borkman, 1976；1999）。如果参与者沉浸其中，则分享圈将提供这种反思性过程。可能大多数参与者，特别是那些加入互助团体时间较长的参与者

都参与了反思性学习过程，并逐渐意识到自己的经验和观点，从而实现赋权。在这种学习过程中，个人从无能动性的“受害者”立场（将自己的问题归咎于他人）演变为“幸存者”的立场。在这种幸存者的立场中，他们获得了作为行动者的能动性；更资深的成员可以成为战士（Borkman，1999）。这种意识的提升本身就具有力量（Adamsen，2002）。经验丰富的成员（幸存者和战士）会发展出经验性的权威或信心，认为他们的经历是有效且可信的。经验丰富的成员可能在互助团体中具有更大的影响力，因为他们在改善共同处境方面拥有更多的权威。

互助团体成为关系社会学注入新思维方式的理想范例，组织结构和能动性的传统观念被抛弃，取而代之的是一种聚焦人与人之间的关系的分析方法（Burkitt，2015：2）。社会关系不应被理解为只是限制或促进能动性的代理关系，而是构成代理本身的结构和形式（Burkitt，2015：37）。

团体发展集体经验知识并强调非污名化的方法

团体会随着时间的推移经历集体学习的过程，就像团体中的成员在分享圈经历的一样（Borkman，1999）。随着越来越多的参与者进入分享圈，信息和观点得到了积累、审阅，获得了含蓄的批评，团体成员所关注的健康或社会问题的经验知识得到提炼和加深。这种集体经验知识不是一个人的主观知识，而是由许多经历相似的个体为了改善自身处境，不断积累、评论和探讨获得的主体性知识。随着越来越多不同背景和经历的成员为集体知识做出贡献，集体知识变得更加普世化（Adamsen，2002）。

许多互助团体拒绝部分主流或传统的生物医学或其他专业观点，并提出自己的替代“意义观点”（Borkman and Munn-Giddings，2008）。托马西娜·博克曼（Thomasina Borkman，1999）将有关焦点问题及其改进的观点称为“意义观点”，将挑战主流和生物医学观点的另类世界观或问题观称为“解放意义观点”。

针对短期状况或生活转变的互助团体似乎主要是为了社会支持和应对棘手的情况，以及利用简单的常识进行应对和提供支持策略。相比之下，针对一些慢性或长期病患群体，包括严重的精神健康患者或成瘾者，则需要为他们精心设计促进个人改变与身份转变的方案，这些方案也倾向于“解放意义观点”，包括针对 80 名及以上的匿名成瘾者和相关家庭团体开展 12 步康复法的项目，以及针对严重和持续性心理健康问题患者的三个互助团体。针对精神健康问题的改造性项目的互助团体包括：（1）基于 12 步康复法的 GROW（Rappaport, 1993）；（2）康复国际（Recovery International，请参阅 Kurtz, 2015）；（3）倾听之声网络（Hearing Voices Network，Noorani, 2012）。后两个互助团体制定了一套明确规范的方案，而没有采用 12 步康复法。通过 GROW（起源于澳大利亚并被传播到美国）和康复国际（起源于美国），精神疾病患者摆脱了隐含的污名，有了积极的新身份，成为一个普通的关心社区并乐于分享的人（Rappaport，1993）。在起源于荷兰，现在已遍布全球 29 个国家、地区的听声运动中，人们开发了一个项目，通过建设性方式理解和使用自己的声音，而不是像生物医学模式那样试图消除声音（Noorani, 2012）。与 GROW 和康复国际的成员类似，他们中的许多人摒弃了精神疾病康复者这一角色，在社区中扮演更广泛的公民角色。

在采用 12 步康复法的成瘾团体中，成功者会随着时间的推移，经历从无产出能力和污名化的“醉汉”或吸毒者，向具有产出能力的戒酒或戒毒康复者的身份转变的过程（Cain, 1991；Denzin, 1993）。匿名性可能会导致外界不知道其转变的来源。

无论互助团体采用简单的常识性应对策略，还是精心设计个人改变和转换身份的方案，他们通常都会找到方法，以正常化和非污名化的方式理解和适应自己的处境。互助团体与专业的、生物医学领域的主流理论之间的主要不同之处在于，后者倾向于强调诊断结果和病理，以及如何根除它们，而不是如何建构性地应对它们，这恰恰是互助团体的重点。马修·E.阿奇博尔德（Matthew E. Archibald, 2007：10）将互助社会运动视为“对非政府机构领域内已构成的权威的集体挑战”。

总之，以互助形式呈现的互惠不同于由专业人士提供的帮助。当专业人士领导支持小组，而同伴群体无法控制这个群体时，专业人士的权威等级可能会削弱互助团体中的社区共享和平等互惠的程度（Fiske, 1992）。提供帮助的机会也可能会减少，团体外的人际关系发展会被抑制，并且专业人士的“意义观点”将统治互助团体（Chesler and Cheney, 1995; Borkman, 1999; ka, 2013）。

互助团体面临的冲突和其他负面影响

和所有小型团体一样，互助团体可能会在诸如意义观点、领导力、流程等问题上发生冲突（Chesler, 1990; Forsyth, 2006; Borkman, 2016）。在互助团体发展初期，一些专业人士批评这些团体对其成员可能是危险的，因为他们可能会散布错误信息，给成员造成情绪问题，或者过于庇护那些需要给予特殊关注的问题人士。然而，这些潜在的“危险”并没有得到研究证实（Chesler, 1990; Borkman, 2016）。互助团体很快就承认他们无能为力，也不想试图帮助那些问题严重的个人，并且呼吁这些人寻求专业帮助（Borkman, 2016）。

避免团体冲突的主要方法是依靠团体的自愿性和小型化。如果不喜欢该团体的发展方向，可以“用脚投票”或者不再参与团体讨论。那些存在领导力问题严重、在流程或意义观点方面持续冲突的团体很可能会自我消亡，如解散或因成员经常缺席而不断萎缩直至解散。通常情况下，新的团体相对容易发起，但也有例外（Oka, 2003）。在采用12步康复法的团体中有一种说法，即发起一个新团体只需要充满怨恨的两个人外加一个咖啡壶。除了在农村地区或极个别情况，一般来说成立新团体的可能性很高。在互联网快速发展的今天，在大多数领域创建线上团体的可能性不断得到激发。

讨论：我们可以从互助团体中学到什么？对政策和实践的启示

近年来，欧洲和北美洲的一些医疗和社会照料政策已开始覆盖传统的互助团体占据的领域，例如，与自我照护、专家服务患者项目有关的社会政策，以及通过增加个人预算来回应健康和社会护理需求。对互助行为的支持是从各种相互冲突的观点出发，比如，真正让服务对象对其生活有更多控制权，新自由主义下财政紧缩政策，以及对主流专业服务的削减。同时，人们对利用经验知识来开展服务和实施同伴主导的项目越来越有兴趣，虽然同伴主导的项目更倾向于采取一对一支持的个人主义实践模式（Boyce，2016）。

个人关于健康或社会状况的体验与互助团体的集体知识之间有一定差别，专业人士和政策制定者对其不甚清楚或有所低估。然而，这对了解一些群体如何用解放意义观点来重新定义他们的处境至关重要。刚被确诊的患者（如乳腺癌患者）与互助团体中应对疾病经验丰富的成员是有差异的，这种差异没有被专业人士或决策者认识到（Munn-Giddings，2003；Boyce，2016）。许多国家都希望通过政策让更多“经验丰富的专家”，即那些对健康状况有直接经验的人，参与到服务开发和服务提供中来。但是，政策制定者和相关专业人士通常会选择具有特定身份的个人来代表特定类别，比如，确诊患者或某一类型的服务对象，而不是从某个经验丰富的互助团体中邀请对情况有所了解、具有集体知识的成员来提出建议（Munn-Giddings，2003）。我们所知道的唯一例外是德国，他们建立了一个系统来确保经验知识丰富的人被选来代表某类患有疾病的人群，确保医疗服务人员首先与掌握集体经验知识的互助团体一起工作（Matzat，2010）。

在平等的团体分享关系中，自愿和自由给予帮助的互助精神是非常重要的。当然，这种互助精神既强大也有一定脆弱性。如果健康和社会照护政策的制定者、专业人士不能理解同伴主导的互助团体的基本性质和精神，那么可能会损害或破坏互助团体的本质。因此，根本问题是：我们可以从公民自发成立的互助组织，以及他们为政策和实践发展提供信息而开创的互惠过程中吸取什么教训？

同伴主导的互助团体至少有三个关键特征，政策制定者和从业者必须理解、学习。同伴主导的互助团体在他们的社会关系、过程和随后通过分享圈建立的集体知识库方面提供了一些非常独特的东西。综上所述，这些是建立集体代理机构的基础。正如伊恩·伯基特（Ian Burkitt，2015）假设的，社会理论（包括社会政策和社会工作）中的“代理”概念在被概念化为关系而不是个人现象时发生了变化。与西方主流道德和政治思想将个性、独立和自主作为公民的主要目标相反，互助团体为我们提供了另一种可能，即通过分享自身的优势和劣势，从而形成一种集体力量，达成彼此依赖的互惠关系。

关系型社会工作也为社会工作者探索如何为服务对象和自身的福祉共同构建帮助过程提供了机会（Donati，2011）。关系型社会工作把关系作为改变的基础，社会工作者通过推动面对共同问题的人群建立互助网络来识别问题，进而解决问题，增强个体层面和集体层面的韧性和行动能力（Raineri and Cabiati，2015：2）。其实践哲学是：无论是网络关系中的社会工作者，还是身处困境的个人、家庭成员、朋友、邻居或其他需要帮助的人，只要互相帮助，就会带来改变。因此，实践者的角色是使能者，他们帮助网络发展自反性，提高自身福利。反过来看，该网络也可以帮助从业者更好地理解如何提供帮助（Folgheraiter and Raineri，2012）。互助团体构成了许多服务对象支持网络的重要组成部分，理解了这一点，就有利于推动社会工作和社会政策从个人主义模式向承认并接纳集体力量的模式转变。

最重要的是，互助团体并不是要替代专业服务，而是专业人士与案主关系中无法复制的一项活动。其独特性在于经验知识、同伴互助的社会关系，以及无等级性的共同分享过程。尽管在过程中产生的经验知识可能挑战我们对健康问题及其解决办法的先入之见，但这些知识也可以作为专业服务发展之外的有益补充。

制定政策的关键在于如何为互助团体的发展提供便利性基础设施。例如，支持信息交换机构的发展，为他们提供资源，以培育互助团体。帮助那些积极敏感的实践者，促进互助团体走向成熟。因为实践者是从使能和相互尊重的角度出发，因而扮演着各种增能角色，为互助团体的发展提供了有益的而非干预性的支持（Wilson，1995；ESTEEM，2013；Munn-Giddings et al.，2017）。社会工作者是互助团体中的"互助支持者"，即无论是专业人士还是政府官员，尽管不是互助团体中的成员，但他们尊重团体的自主性和完整性，并按照成员的意愿开展工作（Oka and Borkman，2011：16）。

关系型社会工作的功能之一是通过有利于增能的干预方式为互助创造条件，将案主的"问题"视为社会应对生活任务的困难，而不是因病理所致。

这将问题从人转移到所需的帮助上，社会工作者的角色也从干预和解决"问题"的人，转变为推动互助组织成立和链接资源的人。

在本章中，我们举例说明了公民如何发展互助团体的分享圈，进而形成互惠关系。应当指出，在这种形式的互惠中，非正式性既有优势又有劣势。独特社会关系中形成的"同伴"并不是专业关系中的案主，这种形式为互助创造了条件，例如，形成共同目标、彼此认同，以及成员经历挫折后产生了改变生活并帮助他人的动机。但是，这是干预主义而不是促进性的实践和政策，很容易破坏互惠精神。因此，通过理解并认同互助团体的实践，社会工作者和社会政策制定者获得了宝贵的学习机会，了解了自己在甄别公民个人和集体层面所具有的优势、能力时扮演的角色。

参 考 文 献

Adamsen, L. 2002. 'From victim to agent': The clinical and social significance of self-help group participation for people with life-threatening diseases. *Scandinavian Journal of Caring Sciences*, 16, 224–231.

Archibald, M. E. 2007. *The Evolution of self-help: How a health movement became an institution*. New York: Palgrave Macmillan.

Arminen, I. 1998. *Therapeutic interaction: A study of mutual help in the meetings of alcoholics anonymous.* Helsinki: The Finnish Foundation for Alcohol Studies.

Block, S. R. and Rosenburg, S. 2002. Toward an understanding of founder's syndrome: An assessment of power and privilege among founders of nonprofit organizations. *Nonprofit Management and Leadership*, 12, 352–368.

Bohm, D. 1987. *Unfolding meaning*. London: Routledge.

Bohm, D. 1996. *On dialogue*. London: Routledge.

Borkman, T. 1976. Experiential knowledge: A new concept for the analysis of self-help group. *Social Service Review*, 50 (September), 445–456.

Borkman, T. 1999. *Understanding self-help/mutual aid: Experiential learning in the commons*. New Brunswick, NJ: Rutgers University Press.

Borkman, T. 2006. Sharing experience, conveying hope: Egalitarian relations as the essential method of alcoholic anonymous. *Nonprofit Management and Leadership*, 17 (3), 145–161.

Borkman, T. 2016. Conflict in self-help/mutual aid groups. Unpublished paper. Silver Spring, MD.

Borkman T. and Munn-Giddings, C. 2008. Self-help groups challenge health care systems in the US and UK. In: Chambre S. and Goldner, M., (Eds.) *Patients, Consumers and Civil Society: US and International Perspectives*, Vol. 10 Advances in Medical Sociology. Emerald Group Publishing; Bingley, UK, 127–150.

Borkman, T. and Munn-Giddings, C. 2010a. Different traditions of self-help/mutual aid research: Their contribution to developing third sector knowledge. Paper presented at 9th Conference of ISTR, Kadir Has University, Istanbul, Turkey, July 7–10.
Borkman, T. and Munn-Giddings, C. 2010b. Talk in carers' and alcoholics anonymous self-help group meetings. Unpublished paper.
Boyce, M. 2016. It's a safe space: The role of self-harm self-help/mutual aid groups. PhD Thesis. Chelmsford (UK): Anglia Ruskin University.
Boyce, M., Munn-Giddings, C., Seebohm, P., Chaudary, S. and Avis, M. 2014. Use of social media by self-help/mutual aid groups. *Groupwork*, 24 (2), 26–44.
Broussine, M., Davies, F. and Calvert Scott, J., 1999. Humour at the edge: An inquiry into the use of humour in British social work at: http://www.uwe.ac.uk/bbs/trr/Issue1/IS1-2_1.htm.
Brown, L. and Lucksted, A. 2010. Theoretical foundations of mental health self-help. In: Louis D. Brown and Scott Wituk, (Eds.) *Mental Health Self-Help: Consumer and Family Initiatives*. NY: Springer Science + Business Media, LLC, 19–38.
Burkitt, I. 2015. Relational agency: Relational sociology, agency and interaction. *European Journal of Social Theory*, 1–18.
Cain, C. 1991. Personal stories: Identity acquisition and self-understanding in alcoholics anonymous. *Ethos*, 19 (2), 210–253.
Chesler, M. A. 1990. The "dangers" of self-help groups: Understanding and challenging professionals' views. In: Powell, T. J., (Ed.) *Working with Self-Help*. Silver Spring, MD: National Association of Social Workers, 301–324.
Chesler, M. A. and Chesney, B. K. 1995. *Cancer and self-help: Bridging the troubled waters of childhood illness*. Madison, WI: University of Wisconsin Press.
Corvin, J., Coreil, J., Nupp, R. and Dyer, K. 2013. Ethnic differences in cultural models of breast cancer support groups. *International Journal of Self-Help and Self Care*, 7 (2), 193–215.
Denzin, N. K. 1993. *The alcoholic society: Addiction and recovery of the self*. New Brunswick, NJ: Transaction Publishers.
Dill, A. and Coury, J. 2008. Forging a new commons: Self help associations in Slovenia and Croatia. In: Chambre S. and Goldner, M., (eds.) *Patients, Consumers and Civil Society: US and International Perspectives*, Vol. 10 Advances in Medical Sociology. Bingley: Emerald Group Publishing.
Dixon, N. M. 1996. *Perspectives on dialogue: Making talk developmental for individuals and organizations*. Greensboro, NC: Center for Creative Leadership.
Donati, P., 2011. *Relational sociology: A new paradigm for the social sciences*. London: Routledge.
Elsdon, K., Reynolds, J. and Stewart, S., 2000. *Sharing experience, living and learning: A study of self-help groups*. London: Community Matters.
ESTEEM. 2013. Project summaries and resources available at Self Help Nottingham: Retrieved January 6, 2016 from: http://www.selfhelp.org.uk/research/.
Feldman, A. 2015. *Trust in action research*. Presentation at the annual meeting of the Collaborative Action Research Network, Braga, Portugal, November 6–8, November 2.
Fiske, A. P. 1992. The four elementary forms of sociality: Framework for a unified theory of social relations. *Psychological Review*, 99 (4), 689–723.

Folgheraiter, F. and Raineri, M. L. 2012. A critical analysis of the social work definition according to the relational paradigm. *International Social Work*, 55, 473–487.
Forsyth, D. R. 2006. *Group dynamics*. 4th Edition. Belmont, CA: Thomson Wadsworth.
Freud, S. 1906. *Jokes and their relation to the unconscious*. New York: Norton.
Gidron, B. and Chesler, M. 1994. Universal and particular attributes of self-help: A framework for international and intranational analysis. *Prevention in Human Services*, 11 (1), 1–44.
Kropotkin, P. 1914. *Mutual aid: A factor in evolution*. Boston, MA: Porter Sargent.
Kurtz, L. F. 1997. *Self-help and support groups: A handbook for practitioners*. Thousand Oaks, CA: Sage Publications.
Kurtz, L. F. 2015. *Recovery groups: A guide to creating, leading, and working with groups for addictions and mental health conditions*. New York: Oxford University Press.
Laratta, R. 2013. A study in accountability of clubhouses in Japan, UK, and Italy. *International Journal of Self-Help and Self-Care*, 7 (1), 81–97.
Makela, K. et al. 1996. *Alcoholics anonymous as a mutual-help movement: A study in eight societies*. Madison, WI: University of Wisconsin Press.
Matzat, J. 2010. Self-help/mutual aid in Germany: A 30 year perspective of a participant observer. *International Journal of Self-Help and Self Care*, 5 (3), 279–294.
McCarroll, J. E., URJ., Wright, K. M. and Fullerton, C. S. 1993. Handling bodies after violent death: Strategies for coping. *American Journal of Orthopsychiatry*, 63 (2) April 2, 09–214.
Medvene, L. J. and Teal, C. R. 1997. Leaders' ambivalence about reciprocity obligations in self-help groups. *Small Group Research*, 28 (2), 302–322.
Munn-Giddings, C. 2003. *Mutuality and movement: An exploration of the relationship of self help/mutual aid to social policy*. Ph.D. dissertation, Department of Social Policy, Loughborough University, Loughborough, UK.
Munn-Giddings, C., Avis, M., Boyce, M., Chaudhary, S. and Seebohm, P. 2017. Being a 'self-help supporter': Recognising the roles that community practitioners can adopt in supporting self-help groups. *Research, Policy and Planning*, 32 (2), 113–125.
Munn-Giddings, C. and McVicar, A. 2007. Self-help groups as mutual support: What do carers value? *Health and Social Care in the Community*, 15 (1), 26–34.
Munn-Giddings, C., Oka, T., Borkman, T., Matzat, J., Montano, R. and Chikot, G. 2016. Self-help and mutual aid group volunteering. In: Horton-Smith and Grotz, (eds.) *Palgrave Research Handbook of Volunteering and Non-profit Associations*.
Noorani, T. 2012. Self-help expertise and spinoza: Re-imagining capacities within the mental health service user/survivor movement, unpublished PhD dissertation, University of Bristol, UK.
Oka, T. 2003. Self-help groups for parents of children with intractable diseases: A qualitative study of their organisational problems. Parkland, FL.Dissertation.com.
Oka, T. 2013. Grief is love: Understanding grief through self-help groups organised by the family survivors of suicide. In: Drautzburg, A. A. and Oldfield, J. (Eds.) *Making Sense of Suffering: A Collective Attempt*. Freeland, Oxfordshire, UK: Inter-Disciplinary Press, 75–86.

Oka, T. and Borkman, T. 2011. SHGs, self-help supporters and social work: a theoretical discussion with some case illustrations of family survivors of suicide in Japan. *Studies on Social Work*, 37 (3), 168–183.
Raineri, M. L. and Cabiati, E. 2015. Kitwood's thought and relational social work. *European Journal of Social Work*. doi: 10.1080/13691457.2015.1074549.
Rappaport, J. 1993. Narrative studies, personal stories, and identity transformation in the mutual help context. *Journal of Applied Behavioral Science*, 29, 230–256.
Riessman, F. 1965. The 'helper' therapy principle. *Social Work*, 10 (2), 27–32.
Riessman, F. and Carroll, D. 1995. *Redefining self-help: policy and practice*. San Francisco, CA: Jossey-Bass, Inc. Publishers.
Schein, E. H. 2011. *Helping: How to offer, give, and receive help*. San Francisco, CA: Brett-Koehler Publishers.
Seebohm, P., Boyce, M., Chaudhary, S., Avis, M. and Munn-Giddings, C. 2013. The contribution of self-help/mutual aid groups to mental wellbeing. *Health and Social Care in the Community*, 21 (4), 391–401.
Steinberg, D. M., 1997. *The mutual aid approach to working with groups: Helping people help each other*. New York: Aronson.
Stokken, R. and Munn-Giddings, C. 2012. Self-help/mutual aid in Nordic countries: Introduction to the special Nordic issue. *International Journal of Self Help and Self Care*, 6 (1), 3–9.
Tschannen-Moran, M. and Hoy, W. K. 2000. A multidisciplinary analysis of the nature, meaning, and measurement of trust. *Review of Educational Research, 70* (4), 547–593.
Wilson, J. 1995. *Two worlds: Self help groups and professionals*. Birmingham: British Association of Social Workers.

第五章　芬兰的长期失业者

劳拉·塔尔基艾宁

引　　言

在本章中，我将举例说明长期失业者和与他们一起工作的专业人士，在通过支持小组进行开放式访谈、分享经验的同时，如何修订自我分类。在更广泛的背景层面上，本章还讨论了群体参与互惠导向的社会工作实践及其独特作用和潜力。我将互惠定义为在生活中既愿意给予也愿意接受，但不期望回报的交换，以及在过程中产生一种对他人、集体或整个社会“有用”的感觉（参见 Thompson，2013：xiii）。

我主要对 65 位长期失业的成年人进行 15 次小组访谈，以及对 16 位与他们一起工作的专业人士进行 4 次小组访谈，并分析收集的数据。受访者大多数是失业成年人（我将他们称为案主），他们都面临着与就业能力有关的多重问题，如心理健康问题、药物滥用、低教育水平和复杂的社会环境等，所有这些都影响了他们能维持带薪工作的能力。在采访之前，案主已自愿参加一个支持小组，该小组旨在通过同龄人和当地社区贴心的支持，帮助他们更好地平衡日常生活与工作，总体上改善他们的健康和福祉。

我的分析基于特定背景。首先描述案主所处的社会、文化、政治和制度背景。我特别关注福利制度所扮演的角色，特别是如何形成各种负面的和被污名化的类型。从研究中，我发现社会工作和福利制度对案主的分类在案主自我认知的形成和重塑中起着关键作用。社会工作者的案主，尤其是那些有长期失业经历的案主可能会从真正的机会中受益，从而创造新的自我分类和对自己的积极看法。通过在团队环境中表达和分享自己的经验，进而发展出替代性的自我分类，在案主与案主、案主与社会工作者的关系中，交替的自我分类是相互作用和建构的。

芬兰失业服务机构对案主的处理

在失业研究中，互惠的概念与公民和国家的权利义务有关。不同的福利体制对公民应该得到什么，以及在何种程度上将互惠纳入有关社会价值和预期行为的现行规范中存在不同的期望。芬兰的社会民主福利制度基于“所有人都相互给予”这一思想，但是要搞清楚福利接受者是否兑现承诺、进行回报仍然很困难（Larsen, 2006）。然而在选择型福利模式中，制度型互惠水平虽然非常低，但对于已获得有针对性的福利和服务的人们来说，他们强调在态度上应更感激和更服从（Larsen, 2006）。

然而，在过去十年中，芬兰的福利制度稳步向积极公民身份（active citizenship）的理想方向迈进，强调工作义务和个人责任，并增加了获得福利援助的条件（Keskitalo, 2008）。国家要求公民更积极地履行义务，包括参加各种项目，以换取社会福利（参见 Kjørstad, 2016）。这些政策着重于促进个人，甚至包括那些在进入劳动力市场时面临重大社会和健康障碍的个人实现自力更生（Keskitalo, 2008，Närhi and Kokkonen, 2014）。

因此，与其他几个福利国家的情况类似，芬兰的社会工作者在“激活”失业者方面发挥着关键作用（Kroll and Blomberg, 2011）。社会工作的中心目标在于将案主从失业者转变为其他社会角色（Mäkitalo and Säljö, 2002a），换句话说，是旨在鼓励案主建立一种或多种与劳动力市场相关的身份（Caswell et al., 2011）。这意味着，社会工作的制度实践包括通过对人群进行分类管理，来培养具有适当自我认知的人（Mäkitalo and Säljö, 2002b）。

在芬兰，针对长期失业的案主，社会工作者主要采取个案工作方法，为案主提供单独的解决方案，而较少使用小组或社区工作方法（Roivainen, 2009）。受官僚主义文化的影响，长期失业者更多被定义为依赖和被动的一方（Juhila et al, 2003）。

在芬兰的福利制度中，机构主要侧重于防止个人长期失业，因此最需要帮助的人很少受到机构的关注（Vappu Karjalainen，2014）。当一些失业者被归类为"无希望的"或"无法帮助的"案主时，福利政策制定者就会认为他们不太可能获得稳定的工作，因此对他们提供的支持很少；反之，被归类为可能被雇用的案主则更早地被归类为"良好且易于合作的案主"。

然而，案主不仅仅是被动的参与者，由机构和社会工作者进行强制分类，而应是积极参与者。他们抵制并避免被福利制度进行的以劳动力为导向的身份分类（Caswell et al.，2011；Tarkiainen，2017）。这种分类不应是强加给案主的，更应该是协商和共同构建的，比如，通过案主与社会工作者的合作建构（Juhila and Abrams，2011；Juhila et al.，2014）。因此，在福利实践中，双方不仅参与身份构建，还在此过程中对自我进行了身份建构（Fook，2002：76，89）。

社会工作中的分类重点在于识别案主的问题，并以一种使问题在系统内可控的方式来培养和激发特定的能力（Caswell et al.，2011）。从这个意义上讲，社会工作是一种将案主安置在机构分类系统中预定位置的职业，并激励案主以这种分类术语来评估自己（Hjörne et al.，2010）。因此，社会工作中存在与阶层、健康、社会问题相关的各种竞争性结果分类（juhila and Abrams，2011）。

社会工作中的分类极其微妙，将个人分配到特定类别意味着创建身份。因此，个人如何被他人识别、分类和标记会影响他们的自我认同。因此，社会工作者必须意识到案主参与了产生、维护、修改和安排的分类；反之，这些分类是在相互接触中产生和重新定义的，并受到更大的福利政策和话语的支配（Juhila et al.，2003；Juhila and Abrams，2011）。

研究目的、数据和方法

我的数据来自欧洲社会基金会资助的为期三年（2009—2011 年）的一个项目。该项目旨在改善和支持失业者的健康和日常生活。调研的失业对象在劳动力市场中的地位很低，主要居住在芬兰派亚特海梅区、东新地区的农村和中小城镇。为了实现项目目标,该项目协助当地的社会和健康服务提供者,在现有的本地服务结构中,实施了包括体检和支持小组在内的服务。

该项目通过社会服务机构或当地就业办公室联系到当地失业人员,然后为他们提供了健康检查活动和由专业人士领导的面对面的支持小组。支持小组在五个月的时间里开展了八次活动,具体细节由小组决定。参与者的失业时间较长,大多数参与者的工作能力有限。在我的研究中,我将长期失业定义为失业一年或一年以上。

小组会议的主题聚焦各种日常的习惯,如参与者的饮食、睡眠、运动和社交等日常生活习惯。在小组内外进行各种讨论和书面作业(例如,通过日记记录每个参与者的日常工作和事件),进而反思这些日常习惯。此外,还为参与者提供了与营养师见面的机会。与该项目进行合作的当地政府则为小组参与者提供了其他服务,如免费使用当地的体育中心。支持小组还旨在使社区成员参与各种活动和互动,以解决共同关心的问题。

在小组中,每个成员都被要求设定个人的中期目标和易于实现的改变生活方式的目标,例如,调整日程安排,适度减少饮酒量或定期与朋友见面。互助小组的重点是通过同龄人和专业人士的帮助,激发并增进个人的能量。这种方法是通过逐步恢复案主日常生活的平衡,而不是立即让他们重返工作岗位来实现的。专业人士事先须接受培训,以采用目标导向和赋权的方法领导互助小组,而这些方法并未明确关注互惠或互助。

大多数参与者在就业前需要康复服务,而事实上,有些人认为自己根本无法再就业(参见 Tarkiainen, 2017)。参加支持小组的成员在年龄、性别、受教育程度和就业经历等方面都存在差异,绝大多数人的受教育水平较低,工作经历较少。他们希望参加有意义的活动,结识同龄人并改变生活。

我们在此次较大的项目中进行了两项试点研究,以便更扎实地支持小组实践本土化,然后将其与现有服务结构相关联。我们采用了行动研究和用户参与质量评估(Krogstrup, 1997)两种方法来收集资料并分析。与行动研究方法一致,小组成员和专业人士在如何改善即将实施的服务方面都起着关键作用,他们都接受了访谈。所有面对面访谈都在小组成员经常聚集的地方进行，如社会服务和康复部门或当地社区中心。三个项目成员负责开展访谈，包括我自己。

在访谈之前，我们在获得许可后，观察了最后一次支持小组会议，以深入了解每个小组。每个小组有 3~8 名参与者，除了退出的参与者（约占所有参与者的五分之一），几乎所有参与者都接受了访谈。因为我们未能与中途退出者进行访谈，所以搜集到的数据有一定局限性。同时，我们在小组访谈时的状态也影响了受访者分享想法的方式。

每次采访大约持续 1~2 小时，问题着重于参与者参加互助小组的经历，以及他们以前作为案主的经历。在访谈中，我们询问参与者如何改善互助小组的标准，以确定小组的优势和劣势，以及该小组与他们之前接受过的失业帮扶服务的区别。此外，我们对专业人士的经验也很感兴趣。在对小组成员进行了 15 次访谈之后，我们对 16 名专业人士进行了四次小组访谈。这些专业人士包括医务工作者、社会工作者和康复治疗师。

当地伦理委员会批准了该项目的研究，研究方法和数据收集方式符合所有伦理原则，如保密性和退出研究的可能性。在所有访谈中，我们使用了半结构化访谈指南，提出的开放式问题取决于每次访谈的开展方式。每个参与者在面试之前都签署了知情同意书，所有谈话都被录音，然后转录为文本。访谈以芬兰语进行，然后被翻译成英文。最终，我们得到了 350 页的案主访谈数据和 85 页的专业人士访谈数据。

此外，访谈既不特别针对自我分类，也不针对互惠。但是，我获得了使用项目中收集的数据进行分析的权限。在此，我尽管意识到访谈本身会影响自我分类，但还是专注于受访者提出的修订后的自我分类。在分析中，我的问题是：

> 当长期失业的小组成员和从事就业服务的专业人士在支持小组中分享经验时，通过他们的话语可以看出自我分类有哪些修订？

在这里，我重点讨论访谈话语中出现的经过修订的自我分类，并探索受访者以何种方式进行自我分类。在分析时，我多次阅读访谈资料，并进行归纳编码。在筛选数据时，我特别关注小组成员和专业人士在访谈中关于自我分类的论述，并跟踪了修订后的自我分类，特别关注这中间产生了哪些变化。随后，我主要处理自我分类的数据摘录，并对访谈中重复出现的主题进行了标记。通过分析，我基于修订后的小组成员类别和专业人士类别，将其归纳成五个自我类别。接下来，我将使用从访谈中提取的十段摘录来阐明各个观点。

修订后的小组成员类别

首先，我着重于修订后的小组成员分类，将其分为积极的生活改变者、支持者和平等接触者。

积极的生活改变者

通过数据分析，我注意到小组成员对重新审视以前的自我和将来的自我分类进行了广泛的描述。例如，个人表达了自己的希望，因为他们有可能变得更适合工作，并过上稳定和积极的生活。

> 我认为参加这个小组是一次很棒的经历。这些小组活动和我认识的所有人都很棒。当我在家时，我什么也不能做，只能坐在电脑旁，去冰箱找东西，在沙发上躺着。由于参加了这个小组，我对如何改变自己的生活有了一些想法。现在我知道，哇，事情也可以以其他方式发生。这对我产生了真正的影响。在小组活动之余，我们开始一起散步，其他小组成员为我提供了巨大的支持。我们可以小聚并分享经验和想法，这非常重要。
>
> （小组成员 1）

这位受访者将自己归类为“积极的生活改变者”，而不是她以前认为的“消极的无业游民”。通过参与小组，受访者摆脱了负面的失业身份，形成了更积极的自我形象。通过描述自己的方式，我们可以看出她对自我分类的修订——感觉自己很投入、被支持、过着积极的生活。

在访谈中，小组成员多次批评芬兰失业者服务系统中的非人性化的分类机制。但在互助小组中，由于对日常习惯和改善日常生活的关注吸引了人们的注意，最终促使小组成员们愿意参加团队。对于许多小组成员而言，仅是勇于参与并致力于支持小组就是一项重大成就。在下面的访谈中，一位受访者分析了为什么他以前避开同伴和互助小组，以及为什么现在选择参加会议的原因。

> 我从来都不是一个有团队精神的人，以前也从未考虑过加入同龄人的圈子。像匿名戒酒互助小组这样的小组一定有良好的氛围，但这个小组只涉及分享发生的事情，以及我喝了多少酒，从不专注于描述自己好的方面，或者说人性的一面。当我总是讲 14 岁时在路边沟里醒来并被警察带走的故事时，别人并不会真正了解我。所以，我只会一遍又一遍地讲同一个故事，但故事并不会继续发展。然后，我参加了这个小组，因为我需要为自己改善日常生活。即使是很小的事，对我来说也可能是大事。就像每个月只宿醉一次，对我来说已经是一个很大的变化。因此，通过这个小组，我有点惊醒了：该死，我的生活一定只能是这样吗？我被要求参加附近社区中心的活动。他们有各种各样的活动，所以我可以参与和改变。我家到社区中心只有 100 米，我可以去那里见各种各样的人，打牌，做各种事情。无论如何，我可以稍微改变生活，因为有时候我的生活其实令人很沮丧。
>
> （小组成员 2）

从上面的访谈记录中可以看到，受访者将自己定义为酒精滥用者，试图将宿醉视为日常生活的一部分。受访者参加小组讨论后，会从不同的角度看待他的“沮丧生活”，这也使他成为潜在的“生活改变者”。

此外，受访者讲述了他为何不回避参加同伴互助小组，因为他希望被视为一个人，而非酗酒者。以前，他没有参加任何小组的想法，因为他认为小组关注的中心就是问题类别标签。基于问题类别的同伴互助小组鼓励将标签内化，而其他更积极的自我分类很容易被淹没。

许多专业人士强调了小组整体方法的重要性，并将重点放在日常生活中，这要考虑到所有参与者的人性。此外，该小组的做法在一定程度上使各种以个人和群体为基础的社会工作实践中经常使用的分类标签（如酗酒者、精神病患者和长期失业者）失效。

支持者

小组成员在分享经验的过程中创造了互惠机会，从而增强了自身的平常心和归属感，同时缓解了与他人相比时价值感较低的状况。小组成员认为自己在小组中扮演双重角色，是既获得支持又提供支持的人员。下面，一位受访者描述了在他参加支持小组之前，他的自我形象是如何被他自己和其他人贬低的。

> 对我来说，在这个小组中，我意识到我不是唯一一个在这些问题上苦苦挣扎的人。我原本以为只有我一个人，实际上其他人也有一些困难。这为我做出改变提供了很多帮助。这使我感觉好一些，现在我并不总是责怪自己。我并不总是唯一应该受到指责的人。我已经意识到，有些人会经历同样的事情并且有自己的问题。虽然我们彼此并不真正了解，但是我们已经能够谈论我们的问题。而且有趣的是，我能够在表达自己想法的同时帮助其他人，这又使自己得到了帮助。
>
> （小组成员 3）

如上面的访谈记录所示，这位受访者描述了当听到同伴的经历与他自己的经历相似时，感觉自己并不孤单。因此，他的自我分类从一个不合格的人开始正常化。受访者特别高兴自己可以帮助他人，并且参与了双向互惠过程。换句话说，他在协助他人时能够担当“支持者”的角色。

此外，小组支持为人们提供了希望和理解，从而反过来改变了长期失业带来的污名感，以及伴随着长期失业的羞耻、内疚和自责。通过互惠获取他人的经验，受访者逐步了解了自身和自身之外的结构性原因。

> 这个小组与我在家乡参加的小组真的不同。我的家庭对我有很大的影响。我认为，这个小组提供了一个不错的选择，让我认识到生活中还有其他事情，而不仅仅是家里拥有的。在这里，我会遇到不同的人，并且意识到其他人也做得不好。这为某些事情提供了一些新的开始，特别是对于那些失业已经很久的人而言。通过这个小组，我可以重新思考很多事情。
>
> （小组成员 10）

从这里可以看出，能够接受他人的方式可以帮助许多案主转变对自己的看法，并通过相互认可进行自我反思。在上面的访谈记录中，受访者根据在小组中分享经验后所采用的对等角色，解释了为何不再将自己和自己的处境归类为“有问题的”。

互惠行为的确可以提供一种机制，使人重新定义自己的身份，保持积极的自我形象并重获对自己生活的控制权。这表明互惠在对一个人原本的自我定义产生怀疑的过程中发挥了作用（Hutchinson and Lovell, 2013）。因此，小组支持案主在反思自己的处境时肯定其个人价值和个性。通过这种方式，人们可以认识和理解他们共同的经验并共同构建它们，同时以其他方式进行自我分类和重新定义自己。互惠对于那些依赖他人并且通常被单一定义的人而言是有意义的（Thompson, 2013）。从这个角度来看，互惠是管理自己与他人关系的一个重要方面，因为如果没有互惠，一个人就必须在被边缘化的环境中管理自己的身份。

平等接触者

案主将他们以前与服务提供者的关系描述为不平等的、不对称的和契约性的。绝大多数案主以前在福利服务过程中有过不快和屈辱的遭遇。因此，由善解人意的专业人士组成的支持小组对许多人来说特别有用。由于以前不愉快的经历，案主强调了处于“相同水平”并能够将自己归类为“平等接触者”的重要性。

> 在我们小组中，大家一直很健谈，专业人士也分享他们的想法和经验。起初，我和妻子对我为什么被归入这个小组有一些不满。但是，这仅仅是因为我当初还不知道这是怎么回事。我现在非常喜欢这个小组。而且，我真的很喜欢专业人士也参与小组讨论的这种做法，这和我以前加入过的互助小组不一样。
>
> （小组成员 12）

该受访者认为自己与专业人士处于同一水平。这种专业人士的参与刷新了他以前对专业人士和案主之间的关系的认知，在之前的关系中，他常常觉得与专业人士之间的接触代表了一种特殊的等级关系，他只是工作对象，专业人士扮演了不参与小组讨论的角色。

总的来说，根据案主的说法，互助小组提供了一种充满尊重和认可他们的氛围。此外,这些团体形成了一种以模糊专业角色为特征的真实和信任的关系。

> 我们小组成员讲话都很幽默,我们能够用真实的话谈论事物。我想,通过这个小组,我有了一些希望。我真的很喜欢专业人士的幽默感。我们所有人都处于同一等级,最重要的是,他们(专业人士)不会轻视我们,不会给我们一种"我们是专业人士"的感觉。
>
> (小组成员 13)

案主强调了在这些互助小组设置中,专业人士不应该轻视案主的重要性。因此,相较于与控制性强、坚持官僚主义的专业人士的接触,受人尊敬和平等的接触对案主来说是特别重要的经历。罗丝玛丽·格林等(Rosemary Green et al., 2006)认为,社会工作者作为"专家"和"知者"的身份会造成不必要的界限,从而导致权力分配不平衡、与案主关系疏远。因此,我发现互助小组打破了专业人士和案主之间的障碍,并在一定程度上挑战了他们之前的关系。因此,可以重构和重新审查专业与非专业之间的二分法,以在社会工作实践中实现公平和互惠。

修订后的专业人士类别

在这一部分,我将重点介绍修订后的专业人士类别,我将其归类为"专业提升者"和"旁观者"两种。

专业提升者

互助小组不仅仅是一个单向的过程。专业人士表示,这次经历也让他们受益匪浅。总的来说就是,这个互助小组为他们提供了一个机会,可以严格地重新审查自己的做法和专业地位。但是,这需要专业人士的反思和努力。

> 通过这个小组,我了解到对我有利的事情不一定对案主有利。比如,案主感觉满足(如喝酒了),我可以不同意案主的行为,但不能像通常看待

> 失业案主那样从高人一等的角度看待他。我通过这个小组意识到，对于很多人来说，参加这样的小组本身就是一项巨大的努力。
>
> （专业人士 4）

在上面的访谈记录中，受访者解释了参加这次互助小组的经历如何使她重新思考自己对案主的生活方式、能力和需求的态度和偏见。此过程还使她打破了与案主之间的动态平衡。因此，专业人士认为自己因为参加互助小组获得了“能力提升”。

许多专业人士指出，他们努力帮助案主感受到赞赏和价值，并避免给出判断性意见和不采取高高在上的态度。我理解这是互惠和共享学习的过程。我同意休·汤普森（Sue Thompson，2016）的观点，他建议促进互惠，并认识到欣赏和被重视在社会工作中起着关键作用。这源于崇尚自我价值和重要性的价值基础，因为行业的核心理念是挑战各种歧视性的假设和做法。

理解支持小组如何帮助专业人士获得新的角色，也有助于我们了解专业成长。互助小组不仅影响专业人士在小组内的认知方式，也影响他们在小组外，即日常实践中的认知方式。

> 我认为该小组为我们所有人提供了新的可能，专业人士和案主都在小组中，并且一起交谈。我扮演着双重角色。通常我在一间政府办公室工作，这也是案主与我见面的唯一地方。现在由于参加小组，我注意到案主在小组中与在办公室中的状态不一样。当我们一起进行小组讨论时，他们比在办公室更愿意分享想法。在某种程度上，在我分享自己的一些事情后，这个小组改变了我在工作时所扮演的角色。
>
> （专业人士 1）

在这里，受访者解释了互助小组是如何帮助她的案主认识政府工作人员角色之外的她。正如她所说的，成功的互助小组经历要求专业人士同时付出和接受。受访者解释了他们如何分享自己的日常生活经验，例如，在饮食、运动和日常活动方面的挣扎和困难。通过向案主分享自己的经历与感受，专业人士还表示获得了回馈，就像我们在上面的访谈记录中看到的那样。

缺乏互惠性可能会让福利服务缺乏人性化，并在案主和专业人士之间形成人为的限制性障碍（Alexander and Charles, 2009）。我们在上面探讨的专业人士的双重角色大多产生了积极的影响。但是，这也可能同时会给案主和专业人士带来一些复杂性和挑战。如果双方在实践中不遵守伦理规范，那么可能会对案主或专业人士造成潜在的伤害和损失（参见 Reamer, 2003; Pugh, 2007）。

旁观者

所有接受采访的专业人士都描述了与案主互相支持的过程，这些过程可帮助案主确认并肯定自己是社会的重要公民和贡献者。这需要专业人士扮演一种不同的角色，参与度也同样重要。

> 我真的很惊讶案主就这么开始坦诚地分享他们的想法，以及他们是怎么获得彼此之间的信任。我们会一起笑，也会一起哭。有些案主分享的故事让我很吃惊，他们竟然会说出来。我很安静，在倾听的过程中没有说什么，因为案主通过自己的方式可以实现互助。这让我感到惊讶，我们之间的关系这么人性化。案主一开始认为小组是一种制裁和强制性手段，但后来又改变了想法。
>
> （专业人士 1）

在这里，受访者将自己归类为支持小组及其各种帮助过程中的“旁观者”。通过不扮演主导角色，案主有机会分享自己的知识、技能、情感支持和经验。通常，在福利服务中，案主被描述为需要帮助的人，同时无法提供帮助并为他人的福祉做出贡献。

专业人士认识到有必要确定案主的能力，以便在小组层面上相互交流。也就是说，支持小组被视为促进相互交流和分享的一种方式。

> 当案主开始谈论他们的共同问题（如睡眠问题）时，我就会从他们的讨论中撤出。他们分享了他们认为有用的东西，彼此通过分享给予支持。让我感到震惊的是，案主以前没有地方分享他们的经验。因此，在我看来，案主确实需要分享经验的地方。
>
> （专业人士 4）

受访者认为她的“旁观者”角色对支持小组的成功至关重要。在长期失业的人中，专业人士感到有必要分享和表达自己的经验。在福利服务中提供这种机会是关键，因为如果没有足够的机会让人们与他人一起做事或为他人做事，一个人的尊严可能会受到侵犯（Thompson，2013：7）。

结　论

我的分析反映了这样一种想法，即在支持小组中，案主所能做到的超出了专业人士和福利机构对他们的分类期望。支持小组不仅提供了超越特定类别的机会，还提供了拥有新身份的机会。反过来，这同时减少了案主的自责感和内疚感，并为专业人士提供了提升专业技能的机会。

这些结果表明，对于那些长期失业的人来说，被认可并被看见他们有失业者之外的角色经历至关重要。因此，社会工作者不应只将他们的案主看作有问题的病人。有长期失业经历的案主可能会从建立正常感和联系感的服务中受益。这也可以帮助案主对有争议的制度和文化类别采取批判态度，而不是被它们限制。

因为所有人都依赖他人的评价，这当然为我们提供了更多机会去适应并维持正面的自我印象。外部评价有助于失业人员获得积极的身份认同，转变“被动接受者”的污名化角色。从社会工作的角度来看，如何看待案主、案主如何看待自己、为他们分配什么样的标签仍然至关重要。社会工作者与其依靠与失业问题相关的专业知识，不如改善和案主之间的关系，建立同伴关系，听取有关失业及其原因的更多不同的声音，放弃等级关系，鼓励案主对自身采取积极的自我分类。

此外，社会工作者需要理解通过分类所创造的互惠关系。案主不仅仅是被动接受帮助和支持的对象，还是社会工作者的合作伙伴。因此，社会工作者应该从给案主贴各种标签转变为在各种关系的基础上开展实践活动，激发案主更积极正面地进行分类，从而形成一种互相建构型的工作模式（Juhila and Abrams，2011）。社会工作者一直致力于通过案主自身的资源、优势和能力来改变案主，促使案主形成积极的认同（Juhila et al.，2014：

23）。在面对那些失业时间较长、需求复杂的案主时，社会工作者可以考虑建立渐进的互惠关系，而不是疏远他们。同时，服务目标不一定只针对就业。

参考文献

Alexander, C., and Charles, G., 2009. Caring, Mutuality and Reciprocity in Social Worker-Client Relationships. Rethinking Principles of Practice. *Journal of Social Work*, 9 (1), 5–22.

Caswell, D., Eskelinen, L., and Olesen, P., 2011. Identity Work and Client Resistance Underneath the Canopy of Active Employment Policy. *Qualitative Social Work*, 1 (1), 1–16.

Fook, J., 2002. *Social Work. Critical Theory and Practice*. London: SAGE Publications.

Green, R., Gregory, R., and Mason, R., 2006. Professional Distance and Social Work: Stretching the Elastic? *Australian Social Work*, 59 (4), 449–461.

Hjörne, E., Juhila, K., and van Nijnatten, C., 2010. Negotiating Dilemmas in the Practices of Street-level Welfare Work. *International Journal of Social Welfare*, 19 (3), 303–309.

Hutchinson, A., and Lovell, A., 2013. Participatory Action Research: Moving Beyond the Mental Health 'Service User' Identity. *Journal of Psychiatric Mental Health Nursing*, 20 (7), 641–649.

Juhila, K., and Abrams, L., 2011. Special Issue Editorial: Constructing Identities in Social Work Settings. *Qualitative Social Work*, 10 (3), 277–292.

Juhila, K., Günther, K., and Raitakari, S., 2014. Negotiating Mental Health Rehabilitation Plans: Joint Future Talk and Clashing Time Talk in Professional Client Interaction. *Time & Society*, 24 (1), 5–26.

Juhila, K., Pösö, T., Hall, C., and Parton, N., 2003. Introduction: Beyond a Universal Client. In Christopher Hall, Kirsi Juhila, Nigel Parton, and Tarja Pösö (eds.) *Constructing Clienthood in Social Work and Human Services. Interaction, Identities and Practices*. London: Jessica Kingsley Publishers, 11–26.

Karjalainen, V., 2014. Poliittisen harkinnan paradoksit. Kohderyhmänä pitkäaikaistyöttömät. In Laura Kalliomaa-Puha, Toomas Kotkas, and Marketta Rajavaara (eds.) *Harkittua? Avauksia sosiaaliturvan harkintavallan tutkimukseen*. Helsinki: Kelan tutkimusosasto, 114–133.

Keskitalo, E., 2008. Balancing Social Citizenship and New Paternalism: Finnish Activation Policy and Street-level Practice in a Comparative Perspective. Helsinki: Stakes.

Kjørstad, M., 2016. Do Your Duty – Demand Your Right: A Theoretical Discussion of the Norm of Reciprocity in Social Work. *European Journal of Social Work*, doi:10.1080/13691457.2016.1246416.

Krogstrup, H., 1997. User Participation in Quality Assessment. A Dialogue and Learning Oriented Evaluation Method. *Evaluation*, 3 (2), 205–224.

Kroll, C., and Blomberg, H., 2011. Social Work-fare? Social workers' Views on the Poor, the Unemployed and Workfare-related Measures in Finland. In

H. Blomberg, and N. Kildal (eds.) *Workfare and Welfare State Legitimacy*. Helsinki: University of Helsinki, Nordic Centre of Excellence NordWel, 96–124.

Larsen, C., 2006. *The Institutional Logic of Welfare Attitudes. How Welfare Regimes Influence Public Support*. Ashgate: Hampshire.

Mäkitalo, Å., and Säljö, R., 2002a. Talk in Institutional Context and Institutional Context in Talk: Categories as Situated Practices. *Interdisciplinary Journal for the Study of Discourse*, 22 (1), 57–82.

Mäkitalo, Å., and Säljö, R., 2002b. Invisible People: Institutional Reasoning and Reflexivity in the Production of Services and "Social Facts" in Public Employment Agencies. *Mind, Culture, and Activity*, 9 (3), 160–178.

Närhi, K., and Kokkonen, T., 2014. Transformation of Participation Politics and Social Citizenship in Finnish Welfare Governance. In Aila-Leena Matthies, and Lars Uggerhoej (eds.) *Participation, Marginalisation and Welfare Services – Concepts, Politics and Practices Across European Countries*. Ashgate: Surrey, 95–112.

Pugh, R., 2007. Dual Relationships: Personal and Professional Boundaries in Rural Social Work. *British Journal of Social Work*, 37 (8), 1405–1423.

Reamer, F., 2003. Boundary Issues in Social Work: Managing Dual Relationships. *Social Work*, 48 (1), 121–133.

Roivainen, I., 2009. Does Community Work in Finland Benefit Citizens or Clients? In Gunn Strand Hutchinson (eds.) *Community Work in the Nordic Countries. New Trends*. Oslo: Universitetsforlaget, 98–118.

Tarkiainen, L., 2017. Long-term Unemployed Finnish Interviewees Address Deservingness: Separating, Declining and Enriching as Means of Resisting. *Journal of Poverty and Social Justice*, 25 (3), 219–231.

Thompson, S., 2013. *Reciprocity and Dependency in Old Age. Indian and UK Perspectives*. New York: Springer.

Thompson, S., 2016. Promoting Reciprocity in Old Age: A Social Work Challenge. *Social Work in Action*, 28 (5), 341–355.

第六章　寄宿照料中的风险与互惠

——通用规范的一些问题

克莱尔·卡梅伦

引　　言

互惠之于个人福祉至关重要,但在专业性、层级性且具有代际差异的儿童机构照料中却存在一些问题。这一论断仅适用于英国吗?其他社会和文化环境是否能为寄宿照料中的关系提供新的视角和方法呢?

寄宿照料是一个用于照顾和监督年轻人的实体机构,同时也具有其他功能,如治疗或教育。时至今日,英国的寄宿照料形式已经多种多样。它不仅是成年人工作的场所——通常采取团队和工作轮班的模式——还为年轻人提供了一个可居住的"家"。虽然"家"一般是暂时性的,但在这里,年轻人的基本生存需要和安全需要应当得到保障(Maslow, 1943)。在英国,寄宿照料机构可追溯到对贫困儿童及其家庭、未成年犯的安置(Berridge et al., 2011)。20 世纪 90 年代初,寄宿照料被视为"第二好的选择,其工作人员大多不合格"(Berridge et al., 2011: 4)。寄宿照料通常为 12 岁以上的,生活困难、饱受虐待和忽视或未被家庭寄养的青少年提供照顾与监督。寄宿照料机构接收残疾儿童,通常被作为短暂休息之地。寄宿照料机构也为自身行为失范的年轻人提供安全可靠的住所,并为那些正在准备独立生活的年轻人提供半独立的住所。同时,这里还有提供更多专业帮助的寄宿学校和治疗社区。在某些情况下,工作人员及其家人都就地居住。在 2014—2015 年,英国有 16 340 名年轻人居住在寄宿制儿童之家、安全房、寄宿学校或其他寄宿环境中(DfE, 2015)。这一群体约占所有被照顾年轻人的 16.5%。

在一些欧洲国家，寄宿照料处于普通教育或社会教育框架内，作为国家照料中儿童和年轻人的一种选择，其占比较大并发挥着重要作用。例如，在西班牙、丹麦和德国，大约一半的安置对象在寄宿机构中（Losada-Gistau et al., 2015; Ainsworth and Thoburn, 2014）。

不论寄宿照料的使用率如何，不论其目的是临时庇护、长期养育还是修复性治疗，人们都普遍关心儿童和年轻人的安全、福祉。寄宿照料人员照顾年轻人，帮助他们学习如何应对和互动的基本经验（Maier, 2016: 3）。因为孩子们主要从他们的周边环境中学到知识，所以寄宿照料机构中的工作人员至关重要。他们总是在建立关系、树立规范并保持社会联系（Maier, 2016: 4）。工作人员需要及时对孩子们的行为进行准确的判断，他们是一种“在那里”的存在，专注于此时此地，在过程中评估特定工作环境，促进年轻人开展活动或参与到年轻人的活动中（Smith, 2009）。寄宿照料人员是日常生活中的专家（Cameron et al., 2015）。但是，对于这种机构而言，是否有可能以互惠的社会纽带为特征？

互惠是关于帮助他人而制定的普遍规范，从而将帮助义务强制化（Gouldner, 1960）。互惠包含相互的、及时交换的思想。互惠行为随着时间变化而变化，在不同文化下有不同的规范和期望，因此，我们要在时间性、文化性变迁的框架中思考。互惠是一种媒介，借助它，行动者在网络关系中获得意义并建立社会资本。互惠的重要维度之一是维护自身或一个社会、一个社区的利益。这种行动可能是为了某群人的利益，也可能是为了共同利益，或者为了获得某种回报。互惠行动可以是平衡的，发生在其他具有相似需求的人之间，也可以是慷慨大方的，并不期望得到回报（Hansen, 2005）。

专业化的、具有“家庭氛围”的寄宿照料机构能提供照料和教育服务，促进成年人与儿童之间、成年人与成年人之间，以及青年同龄人之间产生互惠关系。寄宿照料的专业性嵌入专业服务网络和社区服务网络中，两者均是潜在的产生互惠行为的地方。例如，围绕年轻人交流信息，了解他们的需求和行为，或与邻居交换信息，以确保和睦相处。人们希望在养老院感受到有好奇心、共同学习的氛围，也能发现各种善待自己和他人的关系和活动。用霍耐特(1995)的话来说,人们期望在情感、社会和法律认可这三个方面承认自己的合法性。

然而在英国,人们需要根据事先制定并委托的计划进行寄宿照料,并支付安置费。专业服务是受到约束的,不是由“良好的公民道德”来衡量,而是要按照合同规定执行计划。成年人与儿童的关系不是基于利他主义或者社区中的行动表现,也不是以奖励某些行为为导向,而是以个别年轻人的治疗和照顾为目的。在这种寄宿照料的概念中,关系在很大程度上是层级化的。照料人员提供服务,年轻人接受服务,照料人员从中得到报酬。某种程度上,互惠更多地像是帮助专业人士获得酬劳(Smith and Smith, 2008)。

本章将研究社会教育方法在寄宿照料中儿童与成年人关系方面的一些数据(Cameron, 2013),以确定可能存在的互惠范围。社会话语是寄宿照料实践产生互惠活动的一个潜在障碍。我们可称之为风险。风险在儿童福利工作中,特别是在英美语境下占主导地位。詹姆斯·安格林(James Anglin, 2002)绘制了风险上升和风险评估的图表,作为儿童福利法律方法的一部分,该方法强调要对未来可能的风险或将要发生的事情进行“有根据的预测”。这与乌尔里希·贝克(Ulrich Beck, 1992)阐明的“风险社会”一致,而风险评估旨在预防或防止可能出现的问题。确实,风险思维减少了冒险,同时鼓励了儿童福利专业人士规避风险(Anglin, 2002)。可以说,这是针对居住在寄宿机构中的儿童的委托计划的一部分,并且跨越了互惠的概念。如果风险评估涉及来自寄宿机构之外的专家,那么他们会决定什么对儿童来说是高风险,什么不是高风险;或者他们会事先提醒专业人士某个特定活动可能存在的风险,以及风险思维是否会阻碍为年轻人提供实际机会和社会资本的人际关系和网络的建立。本章还考察了在跨国背景下,风险在寄宿照料中被概念化的方式。最后,我将提供互惠性替代方案作为寄宿照料的概念框架,即对认可理论的修正。

研　　究

这项研究的目的是从专业人士的角度调查关系实践是如何被概念化

的。这些专业人士都深耕于比利时、丹麦和德国的儿童、年轻人服务领域。本研究选择了比较设计，以期对英国关于如何改进关系实践，以及居住安置如何更加成功方面做出贡献(Hetherington, 2006)。之所以选择这些国家，是为了反映它们与英国在儿童实践的组织和方法上的差异(Cameron, 2013)。比利时、丹麦和德国的服务都属于尼尔·吉尔伯特(Neil Gilbert, 1997)所说的儿童福利的"家庭服务"取向。相比之下，英国在儿童福利方面采用的方法是"儿童保护"，它将家庭支持和儿童保护视为离散的系统，更注重危机(Hetherington, 2006)。

数据来源

2011—2012 年，我们在三个国家进行了 37 次(其中，丹麦 13 次、比利时 11 次、德国 13 次)深度访谈，涉及政策(8 人)、研究(9 人)、专业教育(5 人)、工会(5 人)和实践(10 人)等领域。此外，我们还对社会教育家进行了六次类似的访谈，这些教育家在德国获得了社会教育学的高等教育学历，并且曾在英国的寄宿照料领域工作。① 每个国家或地区的核心联系人在其行政区域内，通过滚雪球方式来识别参与者，从而确定与其他国家或地区的社会教学知识与实践之间的差异。② 这样做是为了最大限度地减少跨地区实施政策带来的差异。在比利时，调查点是法兰德斯；在德国，实地调查在黑森和巴登-符腾堡进行；在丹麦，实地调查在哥本哈根及其周围地区进行；英国的采访分散在不同的地理位置，具体取决于社会教育者的聘用地和住所。这六名参与者先前曾为三个地方当局和两个志愿部门组织工作。总共有四组针对具体国家的数据。

方　法

访谈内容聚焦儿童和年轻人，以及国家对儿童和年轻人照料中产生的

---

① 安格利亚鲁斯金大学伦理委员会已给予伦理许可。

② 在许多欧洲国家和更远的地方，社会教育者(或其变体)是与年轻人在照料和教育环境中一起工作的主要职业角色(Cameron and Moss, 2011)。

各种看法、观点等。访谈内容还涉及概念、理论与实践的关系，以及实践、组织管理等。访谈通过记笔记和录音的方式进行，并反馈给研究者确认或修改。

分析内容包括以下几个方面：

- 汇编国别报告，综合每套访谈和现有国家一级文件的数据，并在已汇编的背景报告中增加数据；
- 为每个国家撰写总结，并将其分发给研究者；
- 对访谈计划的主要领域进行分析；
- 在不同国家之间进行比较分析。

四种关系中的互惠

研究者对一项关于儿童与专业人士之间关系的开放式回答，揭示了四种将互惠概念化的方法。

培养技能

儿童或年轻人通常被视为需要特定社交技巧才能参与社会的人。专业人士可以通过提供建议、治疗模型和非评判的方式分享生活空间，帮助儿童获得自信，增强他们的能力，支持他们发展。来自所有四个数据集的研究者均提到了这种关系的目的，这种目的被归类为“发展自我和技能的工具”。在此，我们举一些例子。比如，一个社会教育者打算与一对父子共同生活，而这名父亲患有精神病，那么社会当局需要确定孩子是否能够继续与父亲生活在一起。这名教育者专注于与这名父亲一起做事，以建立一种关系，这种关系可以使这名父亲承受住将来可能面临的压力。研究者这样说道：

> 社会教育者与他们坐在一起，和他们一起感到悲伤。专业团队通过对“这意味着什么”“我们能处理什么”“这名父亲需要承受多大压力”等问题进行讨论后做出决定。该团队支持一名专业人士处理这件事。

在另一个例子中，五位丹麦社会教育家与一位 14 岁的年轻人一起：

> 从头开始，教他早上如何起床、洗漱、整理房间，因为他总是很奇怪地把东西堆在地板上。虽然他们真的很关心这名年轻人，但也经常与他发生冲突。大约一年后，这名年轻人开始信任他们。

在这两种情况下，研究者都将情况视为“困境”而不是“问题”。“困境”更多地将情景视为双方需要共进退，而“问题”的解决往往只需要一方努力。带着“真正的兴趣”分享家里的房屋或居住的生活空间，通过“一起做事”增进彼此的关系，提供传达同理心的机会。共享生活空间还可以建立可预测的、在社会和文化上被接受的常规。这些常规由社会教育者建模，并由年轻人随着时间的推移进行学习。教育工作是在一个专业团队中完成的，团队成员共同支持、分析和反思如何更好地推动实践发展。实践的目的是通过采取行动提高福祉，为双方建立信任创造条件，同时增强年轻人采取行动的信心。

尽管在一起做事的细节中可以培养互惠，但是社会教育者的专业责任是解决困境、模拟行为和学习。可以说，这种互惠性要小得多。结合团队的分析和行动，教育者给这种关系带来了更大的力量、责任和权威。

道德遭遇

在这种方法中，专业人士与年轻人建立关系并没有什么特别目的。相反，人际关系为年轻人提供了一个机会，为年轻人的“存在”创造了一个“环境”，让年轻人感知到了成年人对他们来说是特别的。在这里，建立关系的目的是学习如何生活在一起。来自法兰德斯儿童之家和家庭支持服务机构的一名经理表示：“我们专注于创造人们可以一起反思、做事的场所。即使父母存在问题，我们也要从中找寻参与的方法。”另一位法兰德斯的研究者认为：

> 这种关系是必要的，也许你唯一要做的就是建立此关系，并将其作为一个起点，剩下的就在事情进展中去定义。比如，照料的质量是什么，我们认为我们要做什么、帮助什么或解决什么。这种关系是没有目的性的，因为目的往往会使关系变成一种工具性服务。

这种方法可能被称为“道德遭遇”，因为“此时此刻”具有含义，并且专业人士的行为旨在传达这样的信息：你是有价值的，正如我发现你很重要一样，你对我很重要。相遇的重点是与年轻人建立真正的联系。法兰德斯的某位工会代表这样说：

> 从教育学的角度关注这些年轻人是很重要的。很多专业人士确实与孩子们建立了联系。他们看到了孩子们的需要，特别是当这些需要无法被满足时，孩子们的沮丧。总体而言，年轻人和专业人士是相连的。

尽管专业人士和年轻人在专业行为和环境方面存在相似之处，但他们建立“联系”和专业人士为年轻人而“存在”的想法，可以说是在不同的层面上满足需求或培养技能。互相表达意义是最重要的，甚至超过讨论第一个“目的”的重要性。还有一个问题是，要尽可能地消除工作人员最了解的制度化层次结构。“共同生活”本身被视为一个需要进行的项目，在这里，互惠有更大的发展潜力，因为专业人士将自己视为与年轻人拥有相同水平的专业知识的人。例如，一位研究者说道：“有时候对年轻人说‘走开’是工作关系的一部分，以创造一个允许年轻人自我提问、自我谈论需求的环境，并允许工作人员询问年轻人他们认为重要的事情是什么，并告诉他们工作人员能够提供什么。”

寻求合作的工具

基于和儿童之间的关系，专业人士有可能为儿童“发声”。尽管这些儿童的地位不如成年人，但专业人士可以为他们创造自主表达的机会。法兰德斯的一位从业者认为，实践的首要原则是“让孩子掌握自己的生活，这样，不论有没有父母的陪伴，他都能发展并走得更远。”来自德国的工会代表赞同道：“专业人士给了儿童发声的机会。关键是给予机会、运用机会，必须创造良好的条件。”法兰德斯和德国的受访者都提到参与社会结构的重要性（Milova, 2008），因为参与为年轻人提供了进行谈判和做出选择的基本生活技能（Winkler, 2000）。

在这种概念化中，互惠不如“给予”重要。成年人创造条件，让年轻人能够表达自己、做出选择并行使自主权。一部分条件是使年轻人在社会结构中获得法律和社会认可,以便他们可以有意义地参与。社会认可是通过向年轻人“给予”合法性来实现的,可以说这是一个更为公开的政治计划。“给予”也表明它的出发点是等级制,地位是不平等的。成年人与专业人士有权“给予”,而作为居民的儿童是接受者。此外,这样的不平等的消除速度是由成年人决定的。

获得对儿童问题的专业理解

关系为年轻人提供了一个获得信任的机会,以便他们能够告诉专业人士他们的困难。有了这些知识,专业人士将能够改变年轻人的生活,或改善他们与亲生父母的关系。例如,德国的一位从业者认为其目的是:

> 要得到改变……如果没有关系,他们就不会相信我的想法很好,就很难让他们做一些不同的事情。最大的问题是我们该如何在一起沟通。

从业者应该非常积极可靠。正如法兰德斯的一位从业者所说:“我们知道的东西经常给孩子留下深刻的印象,这种影响是直接的。孩子可以相信我们说的就是所要表达的内容。我们与孩子之间的沟通必须是开放的。”教育者与儿童合作的目的是确保儿童与家人的关系是可以忍受的,或者正在改善。

这种类型的关系在相互交换方面也较少涉及互惠。年轻人被视为需要知己来帮助他们解决潜在问题、实现改变或者以不同的方式表达自我。这是一种更具治疗导向的关系。在这种关系中,教育者有责任通过年轻人发布自己的个人信息来帮助解决潜在的情感问题。我们的目标是让教育者成为年轻人想要“花时间”在一起的人,让年轻人明白教育者可以“为任何事情提供帮助”。此处所述的主题是“信任”。信任不是使用相互性和共同建构的语言,而是依靠冒险,即相信自己的选择不会令人失望(Luhmann, 2000)。这与合理计算失望的风险不同,因为只有在“糟糕的结果会使你后悔自己的行为”的情况下,才需要信任(Luhmann, 2000: 98)。在家庭环境中,信任是亲密关系七要素中的第一要素,它由可靠性和保密性构成(Laursen, 2003)。在埃里克·劳尔森(Erik Laursen)的研究中,年轻人对于信任所持的标准似乎比卢曼定义的更高,因为在卢曼看来,年轻人只会将信任置于已经证明自己值得信赖的教育者身上。在当前的研究中,实践者基本认同劳尔森的发现:信任是言语承诺与行动之间明显的契合。从这个角度来看,专业人士有责任通过行动证明自己值得信赖,可以成为年轻人为之投入知识和感情的群体。

到目前为止,数据表明在社会教育学框架内,有两种类型的专业儿童关系是面向互惠的,即培养技能和道德遭遇,其他两种类型——寻求合作的工具和获得专业理解——则不是。然而,后两种类型是最常见的。互惠的障碍是成年人(从业者)和儿童(居住者)之间的代际地位不平等,儿童在日常生活中对帮助和支持的实际需求和情感需求,以及儿童在"家"和从业者在"工作"方面所表现的差异(Clark et al., 2014)。

风险是互惠的潜在障碍

在寄宿照料机构,互惠的另一个潜在障碍是风险话语、风险规避和对指控的恐惧。研究者被问及如何在其专业领域中看待风险,特别是是否使用了书面风险评估。① 他们还被问及身体接触在从业者与儿童关系中的作用。与英国报道的做法相比,其他三个国家的反应存在很大差异。

英国寄宿照料中的风险话语

风险话语对日常生活和寄宿照料工作的影响有两个方面:官僚主义和教育学。风险思维涉及大量文书工作,这对工作人员和年轻人来说是一种官僚负担。研究者说,在某些情况下,已经针对不同的事件(如去游泳、去荒原走走)准备了多达 42 种"一般风险评估方案"。有人说:"有时候(年轻人)会要求诸如周末去休闲中心,但这种非常普通的事情,他们常常得等到书面程序完成后才能实现。"

对风险的感知决定了哪些活动是可以进行的,哪些活动是最好避免的。一位合作研究者声称:"在公园散步需要进行风险评估;想去玩棋类游戏,我必须签署棋类游戏的风险评估。太令人震惊了!"评估这种日常活动的风险

---

① 书面风险评估是英国儿童之家日常工作的一部分。

损害了受过专业训练的社会教育者的知识和技能。正如有人所说："不管这些风险是否被书面评估，我都知道它们存在。"另一位合作研究者谈到了德国的情况：

> 我们在专业环境中的工作内容包括动态的风险评估，必须知道什么时候该说"不"，比如，不能蹦极。但是，如果我们想骑自行车和露营，并且事先有协议（虽然没有写在纸上），也是可以的。

社会教育学家认为，对风险的感知对日常生活的教育产生了很大影响，并对自我和技能的广泛发展也产生了一定影响。

冒险的自然性

一位研究者发现，儿童对通常会在家庭中探索的事情存在风险厌恶感"。社会教育学家认为爬墙是"自然的"，但如果一位居民做了，"大家会高呼危险"。另一位研究者说，年轻人受伤的可能性"让他们很难冒险"。但事故总会发生。如果我们允许骑自行车，那就有风险了，因为骑车需要较好的平衡性。年轻人经常错过探索的机会。她还说："通常，在露营时生火被视为危险的行为。但我做过一次，很安全。"

错过学习

通过规避风险而错过学习的主题反复出现。例如，一位研究者说：

> 孩子们需要让他们做出有风险的决定的权利，例如，摔倒。如果我们不让他们害怕，当他们独自生活时，他们就会害怕，这对他们不公平。

受访者称，若年轻人在日常生活中不承担风险，当他们离开照料机构后会很难适应：

> 16 岁时，一切都完成了，他们什么事情都不需要做；16 岁后，瞬间一切都变了。没有应变计划。父母多年以来所做的事情在两周内就和饱受创伤的孩子没有了关系。每个人都想知道为什么没有解决呢。

保护失败

一些参与研究的社会教育者将在家庭中的风险规避行为与他们认为未

能保护居民的行为进行了对比。有人说：

> 晚上，我们不准锁门。年轻人可以随时外出。在德国，我得去拜访孩子们的朋友，以确保他们的安全。在这里，我们根本不知道他们和谁在一起。我们无权采取任何措施以确保他们的安全。我们不能进入他们的房间。我会让他们在夜间更难外出。

一位研究者同意道："我们不能让他们呆在家里，要让他们跑出去。我们可以报告他们失踪了，但不能把他们关在家里。"

对指控的恐惧

从业者担心受到针对他们的指控，这在身体接触方面尤为严重。所有社会教育家都提到，身体接触对于寄宿照料中的年轻人来说是舒适和安全的重要来源。一位研究者说道：

> 身体触摸涵盖了无法用语言表达的事物。在有冲突或者悲伤的情况下，相比语言，拥抱更能使情况好转。拥抱或紧挨着坐在一起很重要，而且非常有用。

另一位研究者说道：

> 我正坐在一台电脑旁打字，一个男孩要求一个拥抱，我站起来抱紧他。他感到惊讶，工作人员张口结舌。当他要求拥抱时，他没想到他会得到拥抱。

社会教育家们还谈到了按摩的治疗潜力和协商的方式。一位社会教育家说道：

> 一开始我就说，按摩怎么样。我没有受过这样的训练，但是我有一些技能。他们说不允许这样做。我问哪里有规定它是不允许的。事实并非如此。我说我会在客厅里按摩，开着门。我们看电视时，我给一个年轻女孩按摩了脚。她让我再做一次。效果很好。有一位与人很难相处的男孩看到我在按摩，问我是否可以按摩他的颈部和肩部。我请他先洗澡并穿上新衣服（这通常是个有争议的问题）。我为他按摩时，他在看电视。我能感觉到他肩膀的张力在释放。

> 我用按摩这一方法帮助了另一个男孩，并取得了突破。我决定不问这个问题。然后，我要求同事们给年轻人按摩，他们也这样做了。工作人员没有任何不良反应。我对其他工作人员说了按摩的基本条件：穿戴整齐、打开门、在公共场所。按摩的效果很好，男孩洗完澡就上床睡觉了，之前他可不会这样。

另一位研究者提到，当一个男孩问她是否可以给他按摩时，她咨询了一名工作人员，并同意：

> 如果两个人在房间里，而且男孩穿着衣服坐在椅子上就行。她是作为证人在场的。我说没问题。30 分钟后按摩完成。我在轮班结束时与同事谈到了这一点，他们都说我在冒险，因为我不是训练有素的按摩师，会被起诉。如果我自己的孩子需要的话，我会这样做的，这是我的责任，而且有证据并被记录下来了。

这些调查结果表明，在英国不同地区从事寄宿照料的社会教育者的经验中，风险被视为消极的防御概念，旨在防止更糟的事情发生（Beck，1992）。然而，社会教育学家们持有不同的观点，这些观点大都聚焦身体：探索身体如何管理环境被视为学习的基础；通过触摸，感受与另一个人的触摸被视为舒适和安全的来源。

丹麦、德国和法兰德斯的风险论述

丹麦、德国和法兰德斯的研究者对风险概念化问题没有达成共识，这表明研究参与者认为，这些地方对风险概念化问题的讨论比英国的要少得多。主题是学习和冒险之间的紧密联系，从业人员在权衡年轻人的不同选择和可能性时做出的判断，陪同年轻人参观机构外的地方和人员，以及把风险评估视为日常生活和工作的一部分。与英国的社会工作者一样，这三个地方的研究者都提到了通过体验来开展学习的意义，在体验中冒险是不可避免的。

一位丹麦的研究者认为，风险是生活的一部分，所有孩子在幼时都会遇到麻烦。有些孩子“除非悬在悬崖上，否则他们不会觉得自己是活着的”。

德国的研究者辩解道，练习的目的是让孩子们尽可能获得更多的学习机会，不管是以个体还是团队方式参与，使他们获得技能、掌握知识，帮助他们能够在没有照顾的情况下适应社会生活。法兰德斯的一些研究者普遍存在对“我们必须预防各种风险”这种风险话语的抵制，他们认为“身体风险应该被视为学习的一部分”。

德国的研究者表示赞同，认为我们的工作是保护他们免受伤害，但对风险进行精确而过度的监管是不可能且令人窒息的。关于记录年轻人的行踪和确保他们在活动期间安全的规则是存在的，但是在存在风险的情况下，从业人员必须做出专业判断。

研究者提到了应对风险时值得商榷的“实践困境”。例如，“当我们知道这个年轻女孩在互联网上与一名男士交流时，我们不能拒绝她去城里和他见面”，这是让人反思安全和给予足够自由之间的紧张关系的机会，以便让年轻人能够拥有与其他同龄人相似的经历。

法兰德斯的一位研究者得出结论：

> 有时我们会阻止孩子们去经历，效果并不好，但这就是生活。我们通过经历学习知识。如果你知道这种经历将是有害的，那么最好不要尝试。例如，吸食可卡因，某些人群很容易对它上瘾。让他们戒毒是一项艰巨的工作，但你必须做出决定，有时你必须做出正确的决定才能让他们戒掉。

对风险问题的回答各不相同：涉及事故和职业倦怠的风险；亲生父母对年轻人风险行为的担忧；亲生父母可能代表年轻人的风险；在寄宿照料团体中存在遭受暴力或欺凌的风险；与法律责任相关的风险，如发放药品或驾驶机构的货车。一位德国的研究者总结了对这个问题的普遍困惑，他说：“护理人员给孩子带来风险的可能性是不存在的，因为社会教育者和社会工作者仍然将自己看作‘照顾者’，不会让孩子处于危险之中。”与英国的实践经验形成鲜明对比的是，没有研究者提及书面风险评估。当被问到这个问题时，他们的回答是：“程序非常官僚。我们没有那个。不知道书面风险评估。”

风险与互惠

显然，英国关于儿童福利工作风险的论述与法兰德斯、丹麦、德国的论述截然不同。与其他地方的多样性相比，英国的一致反应表明，普遍的风险论述对儿童家庭的日常活动和生活产生了深远的影响。对互惠性有最直接影响的是风险思维，特别是书面风险评估，它占据了主导地位。风险思维起源于更广泛的社会和官僚背景，并有效地塑造了成年人与专业人士、年轻人与居民的关系。但这将破坏互惠性，使专业人士不管他们的专业判断如何，而去执行程序。例如，骑自行车在程序上被视为一种风险活动，而促进骑自行车是政府的一项政策（Department of Transport，2015）。若寄宿的儿童要骑自行车，则需要进行风险评估。除了年轻人享受休闲时间的权利可能被剥夺，第三方的参与（外部强加的风险评估）阻碍了让年轻人在参与有关"风险"或危险活动中获得教育的可能性。将定义风险和评估的责任转移给外部机构，可能意味着工作人员和年轻人失去了共同决策或实践的机会。"错过学习"就是错过了互惠交流的、具有教育意义的、相互好奇的机会。比如，年轻人想做什么、想去哪里、想和谁在一起、可能会遇到什么，等等。相比之下，法兰德斯、丹麦、德国是在地方机构层面上制定的规则，以确保安全并陪伴年轻人。这表明，在什么是对年轻人有利和安全的事情上，决策是地方性的、由关系主导的，且有更多的互惠行动的可能性。

结　论

我研究的社会教育关系分为四种类型。其中只有两类，即培养技能和道德遭遇可以被描述为促进互惠的关系。其他的则更具工具性，将关系视为获取孩子们的信任和信息，以及让他们在自己的生活中发声的一种手段。虽然这四种类型都依赖于成年人的专业知识和职业责任，但后两种类型在很大程度上强调了成年人和儿童关系的等级不平等，这可能会减少互惠。显然，现有的研究并没有体现专业角色的所有方面，以及他们可能或不可能采取对等行动的程度。例如，在专业网络或与亲生父母的关系中，我们很少关注寄宿照料从业者的角色。但是，互惠的相互性维度在一般的社会教育理念，如"共享生活空间""一起做事"中得到了表达。当讨论有关风险的发现时，这种互惠的可能性变得更大。与其他三个地方相比，风险在英国的实践中占主导地位。风险、风险评估和风险管理的机制对日常活动产生了明显的影响，这体现在从延迟活动的时间到对活动进行彻底审查或完全禁止等方面。正如在英国工作的社会教育者所说的那样，风险思维是人际关系中互惠活动的障碍，因为它要求从业者遵守外部规定，而不是评估当下和关系背景下的危险的可能性、个人及其能力，以及从冒险中可以获得的知识。

互惠的“普遍准则”似乎在英国寄宿照料中受到了严格限制。一旦转化为专业的、等级的和规范的制度环境，互惠就会处于边缘地位，尽管有一些寄宿社区的例子在挑战这些观念，并促进了相互关系和尊重，例如，以治疗为导向的康复村（Jackson, 2011）和挪威的药物治疗团体（Lone, 2010）。

汉尼·沃明（Hanne Warming, 2015）和奈杰尔·托马斯（Nigel Thomas et al., 2016）等改编了霍耐特的理论，这也许提供了更强大的概念框架。对于这些研究者而言，情感认同是一种观念，即不仅在幼儿阶段，在整个生命阶段，人们都必须得到爱与关怀，同时还要给予爱与关怀。这种方法验证了寄宿照料中包括温暖和亲情在内的关系，为身体接触（如拥抱）提供了理由，并为按摩作为一种有益的身体接触方式提供了背景。法律上的认可被视为有道德责任感和享有公民权利，无论孩子是住在家庭中还是寄宿家庭中，都能得到支持。基于这样的解读，寄宿照料人员将有义务支持儿童的参与权，而依赖外部强加的程序来控制的风险将被机构和实践层面的责任取代，即在可能的情况下评估参与的可能性及其潜在优势。因为社会认可，年轻人的才能与优势在他们所居住的社区中被重视。在寄宿照料中采用以参与为导向的认可方式，可以让我们摆脱从成年人—儿童的二分法角度看待问题，同时仍然允许相互学习和温暖的关系存在，这是提供良好照料和教育的基础。

致　谢

这项研究得到了安格利亚鲁斯金大学的资助。安格利亚鲁斯金大学的罗克珊娜·安赫尔（Roxana Anghel）博士协助进行了数据收集和分析，根特大学教授米歇尔·范登布罗克（Michel Vandenbroeck）、法兰克福大学教授安德烈亚斯·沃尔瑟（Andreas Walther）、哥本哈根大学的英奇·丹尼尔森（Inge Danielsen）协助访问了研究者。我感谢包括研究者在内的所有人。

参考文献

Ainsworth, F. and Thoburn, J., 2014. An Exploration of the Differential Usage of Residential Childcare Across National Boundaries. *International Journal of Social Welfare*, 23 (1), 16–24.

Anglin, J., 2002. Risk, Well-Being, and Paramountcy in Child Protection: The Need for Transformation. *Child and Youth Care Forum*, 31 (4), 233–255.

Beck, U., 1992. *Risk Society: Towards a New Modernity*. London: Sage.

Berridge, D., Biehal, N. and Henry, L., 2011. *Living in Children's Residential Homes*. Department for Education Research Report 2011.

Cameron, C., 2013. Cross-National Understandings of the Purpose of Professional-Child Relationships: Towards a Social Pedagogical Approach. *International Journal of Social Pedagogy*, 2 (1), 3–16.

Cameron, C. and Moss, P. ed., 2011. *Social Pedagogy and Working with Children and Young People: Where Care and Education Meet*. London: Jessica Kingsley.

Cameron, C., Reimer, D. and Smith, M., 2015. Towards a Theory of Upbringing in Foster Care in Europe. *European Journal of Social Work*, doi: 10.1080/13691457.2015.1030360.

Clark, A., Cameron, C. and Kleipoedszus, S., 2014. Sense of Place in Children's Residential Care Homes: Perceptions of Home? *Scottish Journal of Residential Child Care*, 13 (2), 1–18.

Department for Education, 2015. Children looked after in England (including adoption and care leavers) year ending 31 March 2015, SFR 34, available from: https://www.gov.uk/government/uploads/system/uploads/attachment_data/file/464756/SFR34_2015_Text.pdf [accessed 15 August 2016].

Department of Transport, 2015. Local Transport. Available from: https://www.gov.uk/government/policies/local-transport [accessed 15 August 2016].

Gauntlett, D., und. *Three Approaches to Social Capital*. Available from www.makingisconnecting.org [accessed 15 August 2016].

Gilbert, N. ed., 1997. *Combatting Child Abuse: International Perspectives and Trends*. New York/Oxford: Oxford University Press.

Gouldner, A., 1960. The Norm of Reciprocity: A Preliminary Statement. *American Sociological Review*, 25 (2), 161–178.

Hansen, K., 2005. *Not-so-nuclear Families: Class, Gender and Networks of Care*. New Brunswick: Rutgers University Press.

Hetherington, R., 2006. Learning from Difference: Comparing Child Welfare Systems. In: N. Freymond and G. Cameron, eds. *Towards Positive Systems of Child and Family Welfare*. University of Toronto Press: Toronto, 27–50.

Honneth, A., 1995. *The Struggle for Recognition: The Moral Grammar of Social Conflicts*. Cambridge: Polity Press.

Jackson, R., ed. 2011. *Discovering Camphill: New Perspectives, Research and Developments*. Edinburgh: Floris Books.

Laursen, E. K., 2003. Seven Habits of Reclaiming Relationships. *Reclaiming Children and Youth*, 11 (1), 10–14.

Lone, A., 2010. Collectives – a Norwegian Success Story in Residential Care for Drug Addicts Based on a Social Pedagogical Approach. *European Journal of Social Education*, 18–19, 60–72.

Losada-Gistau, J., Montserrat, C. and Casas, F., 2015. The Subjective Well-being of Adolescents in Residential Care Compared to that of the General Population. *Children and Youth Services Review*, 52, 150–157.

Luhmann, N., 2000. Familiarity, Confidence, Trust: Problems and Alternatives. In: D. Gambetta ed. *Trust: Making and Breaking Cooperative Relations*. Available from: http://www.nuffield.ox.ac.uk/users/gambetta/Trust_making%20and%20breaking%20cooperative%20relations.pdf [accessed 15 August 2016].

Maier, H., und. *Children and Youth Grow and Develop in Group Care*. Available from: http://www.cyc-net.org/CYR101C/pdf/maier-develop.pdf [accessed 15 August 2016].

Maslow, A., 1943. A Theory of Human Motivation. *Psychological Review*, 50, 370–396.

Milova, H., 2008. *Participation of Children and Young People Living in Institutional Care*. Outcome Network Issue 3. Available from: http://www.outcome-network.org/paper/167:participation_of_children_and_young_people_living_in_institutional_care [accessed 15 August 2016].

Smith, H. and Smith, M. K., 2008. *The Art of Helping Others. Being Around, Being There, Being Wise*. London: Jessica Kingsley.

Smith, M., 2009. *Rethinking Residential Child Care*. Bristol: Policy Press.

Thomas, N., Graham, A., Powell, M. and Fitzgerald, R., 2016. Conceptualisations of Children's Well-being at School: The Contribution of Recognition Theory. *Childhood*, 1–15, doi: 10.1177/0907568215622802.

Warming, H., 2015. The Life of Children in Care in Denmark: A Struggle Over Recognition. *Childhood*, 22 (2), 248–262.

Winkler, M., 2000. Diesseits der Macht. Partizipation *In*: "Hilfen zur Erziehung" – Annäherungen an ein komplexes Problem, Neue Sammlung. Vierteljahres-Zeitschrift für Erziehung und Wissenschaft.1, 189–209.

第七章　互惠和基于关系的儿童福利方法

丽塔·沃尔纳宁
皮尔约·珀尔基

引　言

社会工作学者在很早以前就开始研究互惠关系的重要性。玛丽·里士满(Mary Richmond)在1901年的一次会议上发表了一篇论文,着重强调家庭作为一个整体和动态的人际交往过程,并强调了个人寻求归属和意义的社会环境(Wood 2001：18)。里士满的同事波特·李(Porter Lee)在1919年将家庭视为相互对立的体系(Wood, 2001：18)。互惠关系这个话题对社会工作来说并不陌生,但需要根据当前的辩论和研究重新审视。例如,20世纪90年代,在芬兰和其他地方,在《儿童权利公约》生效后,发生了关于儿童是否能被关注、被聆听并能够参与福利制度的讨论(Pölkki, 1992)。尽管现在与该群体的沟通更多的是与社会心理工作有关(Ferguson, 2016b),但关于弱势儿童的争论仍在继续。互惠概念促使人们考虑关系在儿童福利中的关键作用,以及通过关系如何理解、满足儿童和家庭的需要。

不管儿童政策或工作背景如何,儿童福利工作都会介入各种关系。我们关注的是芬兰的儿童福利制度是如何在北欧福利国家模式下发展起来的。芬兰的儿童福利制度建立在这样一种理念上,即公共当局有权干预家庭(Hearn et al., 2004)。社会工作者一直负责儿童福利的进程,但对其家庭的干预通常由社会工作者指导的家庭工作者负责(Pölkki et al., 2016)。与其他国家相比,芬兰的儿童福利制度聚焦家庭服务和儿童,而不是狭隘地关注儿童保护(Gilbert, 1997; Gilbert et al., 2011; Pösö, 2011)。儿童福利的传统是在官僚主义的市政社会福利背景下建立起来的,芬兰面临着在儿童福利中开展更加有针对性的家庭工作的挑战(STM, 2013)。芬兰的实践激发了大家对基于关系的儿童福利方法的讨论,大家特别关注互惠关系的要素及其在支持儿童福利社会工作中发挥的作用。基于关系的方法在临床工作中并不陌生,且是国际深度研究的主题(如 Ruch and Julkunen, 2016)。但是,我们认为互惠的概念在芬兰或国际上的儿童福利研究中并未得到广泛讨论。

儿童福利的目标是为儿童成长提供一个安全的环境,为此需要确保安全、互惠的关系以及对家庭或寄养机构的归属感。芬兰的儿童政策旨在通过家庭政策、津贴和服务来支持家庭履行育儿职责。私人家庭生活受《欧洲人权公约》(第八条)保护。家庭关系处于私人家庭生活的领域,干预措施受到职业道德和法律法规的约束。

当前,芬兰的儿童福利模式建立在逐步加强干预和支持的原则之上。它的第一层是预防,即通过家庭政策和基础服务(如上学和早期教育)为家庭提供支持(Pölkki and Vornanen, 2016)。这个想法是为了支持社会中所有家庭既能照顾孩子又能发展互惠关系。第二层是依据《社会福利法(2014)》,通过家庭服务提供支持,该法案允许社会工作者根据服务需求评估来提供支持和服务。第三层是依据《儿童福利法(2007)》,对处于危险中或需要福利支持、保护措施的儿童的回应。在考虑私人家庭生活和家庭中的互惠关系时,可以假设涉及道德上的敏感问题。内部家庭关系同时会影响案主与专业人士的关系,以及获得帮助的方式(Gladstone et al., 2014: 56)。

当社会工作者介入家庭生活时,儿童福利往往受亲密关系的影响,社会工作者也成为系统的一部分。社会工作关系的界限是从互惠的角度进行协商和反思的(O'Leary et al., 2013)。社会工作者既要努力维护孩子与父母的关系,又要与儿童直接建立联系。沉重的工作量、官僚主义的要求或者未能基于直接联系开展工作可能都会导致对家庭和儿童的干预难以达到理想的效果(Winter et al., 2017)。这也是芬兰面临的挑战,社会工作者的工作量很多,必须得在官僚主义和各种法律职责的压力下开展工作。工作人员自身和各种具体情境化的问题都会影响儿童福利中互惠关系的建立。

一个家庭越是与各种专业人员打交道,其内部关系和复杂的动态就越可能在专业评估中显现出来。本章的重点是介绍互惠和基于关系的方法,并讨论几对重要的关系,包括儿童与父母的关系、父母与社会工作者的关系,以及儿童与社会工作者的关系。通过几项跨学科研究,我们分析并反思了建立儿童和家庭互惠型关系的助推机制及其障碍。我们还列举了若干与弱势群体建立互惠关系的方法。

儿童福利中的互惠和基于关系的方法

互惠指的是与他人积极交流,并且能够积极回应他人需求。互惠是社会关系和人际交往中必不可少的现象。互惠结构的变化会影响人们之间的信任感(Molm, 2010: 119)。在这种相互交换的模式中,人们应该得到一些东西并给予一些回报。互惠这个词有许多积极的含义和解释,比如,与社会资本有关(参见 Diekmann, 2004: 489)。根据琳达·莫尔姆(Linda D. Molm, 2010: 120)的观点,互惠是一个随着交换形式而变化的过程。它对社会关系产生了深远的影响,涉及权力的使用,以及信任和团结的出现。在代际关系中,互惠是最基本的形式,例如,父母养育年幼的子女,子女成年后照顾年迈的父母,父母接受子女的陪伴并获得情感上的喜悦。这种依赖性随处可见,既能在社会生活、相互支持、分享和信任中看到,也能在疏远、不信任和仇恨等消极现象中看到。

文化人类学家认为互惠是一种适应性的生存机制。马特·里德利(Matt Ridley, 1998: 249)提出,互惠是我们本能的必然组成部分。人们天然会将可信赖的人与诡诈的人进行区分,并学习如何通过合作努力成为可信赖的人,进而赢得良好的声誉并交换商品和信息。互惠的社会象征意义可以通过托伦宁(2015)的三重概念来定义,即归属感、合法化、被他人认可。被他人认可和归属感在人与人之间建立起了积极的纽带,而合法化是使人的存在具有正当合理性的集体性谈判(Törrönen, 2015: 82)。以上要素与儿童和家庭社会工作高度相关。互惠与布迪厄(1984)的社会资本理念相吻合。

托伦宁(2015: 81 - 82)强调,互惠的核心在于互惠的社会地位、个人增能赋权和相互分享。但是,在儿童福利领域,案主可能不得不努力在社会中找到自己的位置和权利。在儿童福利背景下,儿童的社会关系值得我们关注。成年人通常很难理解儿童自己所感知到的归属感,儿童也难以用语言准确表述他们在社会关系中的经历。儿童对非亲属的偶然互惠和利他主义能力的发展情况并不为人所知(House et al., 2013)。

家庭成员之间的关系和行为被视为"一直存在的、超越任何有意的蓄意行为"。家庭关系是不能选择的,成员之间的关系具有"给予的性质"(Torche and Valenzuela, 2011: 189)。家庭关系是由这些原始关系形成的。我们可以从共存、记忆和互惠的角度来看待家庭中的个人关系。儿童福利案主所在的家庭可能会出现各种问题,阻碍成员之间的互惠关系。例如,当父母不能照顾自己的孩子、回应孩子的需求时,孩子被忽视了,这会导致安全、正常的家庭生活被中断。

以下两个增强互惠模型,可以被运用于关系基础上的儿童福利实践中:第一个是安全标志模型,主要是与家庭和父母合作,建立信任,并识别家庭安全性的几个标志(Turnell and Edwards, 1997;1999);第二个是安全基础模型(Schofield, 2002; Schofield and Beek, 2005;2009)。

安全标志模型的基本理念是每个家庭都有能力、资源和解决问题的特殊方式。这些可以被称为"安全标志"(Turnell and Edwards, 1999: 37),安全是由家庭特征组成的。安全标志模型的目标是建立伙伴关系,孩子的父母和其他长辈可以达成共同的目标,即保障孩子的安全(Turnell and Edwards, 1997;1999)。该模型已在澳大利亚、北美洲和欧洲广泛实施(Bunn, 2013: 7)。基于回溯性研究,该模型改变了组织结构和文化,并促进了专业人士自身行为的改变,以及专业人士与案主的家庭之间互动的深层次改变(Salveron et al., 2015)。

吉利恩·斯科菲尔德等(Gillian Schofield et al., 2005)开发了安全基础模型,这是一种适用于长期寄养的综合社会心理模型,他们对"1997—2006年在寄养中心长大"这一项目的研究证明了其重要意义(Schofield and

Beek, 2009)。斯科菲尔德等(2005: 7 – 8)就促进儿童发展的照料简明地提出了五个与情感依附理论相关的发展目标,包括促进信任和照料者的可及性、反思功能、自尊、自主性和家庭成员身份。其基本思想是孩子与这五个方面的互动可以增强他们头脑中关于安全感的体验。在青春期,这需要促进自主性,同时提供安全的避风港和持续的关系(Schofield and Beek, 2005; 2009: 60)。

在为儿童提供支持时,专业人员必须关注与照料相关的多种需要。安全基础模型揭示了照护需求的重要性和照护的动态性。安全基础模型可以帮助家庭成员,特别是孩子获得归属感。斯科菲尔德(2002: 267)的一项研究表明,归属感是多维度的,与家庭的团结、习俗、成员关系、身份认同和文化有关。安全基础模型是有利于提升安全感的互惠关系模型。它不仅重视儿童需要的满足,还强调家庭成员的互动和照顾者在响应儿童安全需要上应承担的角色。该模型关注资源匮乏的环境,并重视社会工作的实践任务,而没有将这些任务与社会工作实践的心理方面分开(Ruch, 2005: 115)。

事实证明,上述模型不仅对如何处理与关系相关的工作有启发,而且为如何在关系中开展工作提供了一些思路。值得注意的是,将干预措施移植到新的背景和文化中(Sundell and Ferrer-Wreder, 2014),可能还需要深思熟虑。我们需要认真执行不同的模型,对运用的过程进行评估,并对结果进行跟踪。作为一个积极的概念和目标,互惠非常适用于以儿童、家庭关系为导向的各种模型。根据海伦 · 欣利 · 琼斯和吉利恩 · 鲁赫(Helen Hingley-Jones and Gillian Ruch, 2016: 236)的观点,"基于关系的实践"一词在社会工作教育和实践领域逐渐被使用,对于在理论上如何理解它还有很多不同观点。他们的"基于关系的实践"方法根植于心理动力学和系统理论,详见下文。我们的想法也来源于社会工作中的这些传统,我们建议要重点发展家庭中的互惠关系。

互惠的发展起源及其对儿童福利的影响

基于关系的儿童福利工作需要对儿童时期、儿童成长和父母养育等已有研究进行很好的了解。基于关系开展儿童和家庭工作有多种理论来源，包括社会心理学和心理动力学(Trevithick, 2003: 164)。情感依附理论的遗产及其在社会工作中的应用很有价值,尤其是在儿童福利方面。儿童福利工作的出发点是“所有儿童都需要在保护性的、支持性的和情感交流的关系中才能茁壮成长”(Lawler et al., 2011: 473)。这些关系嵌入在多层次系统中。

此外,基于儿童、青少年和成年人关系的儿童福利工作需要特定的理论,并需要基于心理学、伦理学等多学科研究来建立基本的信任和互惠关系。从心理动力学的角度出发,埃里克·H.埃里克森(Erik H. Erikson, 1950: 80)将信任视为一种“对自我和他人的基本信念”。后来的研究将儿童早期信任视为发展性、感觉性、先见性和普遍性的,并依赖于敏感的育儿方式。它影响了对风险社会情境的判断和看法。创伤或其他重大经历(如遭受虐待或患上严重疾病)也可能会影响信任。在青少年和成年人中,信任主要是在意识层面上直接体现的,在这个层面上,信任和决策会直接受到可信任的线索和过去与他人的互动的影响(Bernath and Feshbach, 1995)。

研究表明,新生儿已经做好社交准备,并能积极塑造自己的经历。他们已经能观察周围环境中的某些特征,并能通过注意力不集中来阻止不必要的刺激。婴儿与其照料者的影响是双向的,在他们4~6周时就已经可以看到显著的互惠和互助(Schaffer, 1977)。科尔文·特雷瓦特恩(Colwyn Trevarthen, 1993)提出了主体间性这一概念,指出人类具有与生俱来的交流模式,因为婴儿对人表现出与对物体完全不一样的反应。通过加强孩子对他人情绪状态的敏感度,内化成年人富有同情心和爱的照顾经历,照顾者与儿童之间的互动会深刻影响儿童长大后是否对他人施予关爱(Zahn-Waxler et al., 1992)。

社会工作者詹姆斯·罗伯逊(James Robertson)和乔伊斯·罗伯逊(Joyce Robertson)对儿童离开依恋对象时的心理反应的研究,影响了约翰·鲍尔比的依恋理论(Bowlby, 1969, 1973, 1980)。鲍尔比主要关注情感依恋的性质和变迁,以及成长中的个人和照顾者在早期生活中形成的持久而强大的关系纽带。他的理论根植于精神分析视角，但用基于发展心理学和行为学的新范式取代了传统的元心理学。玛丽·安斯沃思等（Mary Ainsworth et al., 1978）通过观察母亲对婴儿行为做出反应的方式，发现当母亲对孩子发出的信号反应灵敏时，她们会及时满足孩子的身体护理、情感交流和情感关怀等需求。母亲、父亲或其他主要照顾者对孩子需求的反应主要是基于孩子表现出的互动尝试，如咿呀学语和大笑。当儿童感到能够依靠照顾者来满足他们对亲密、情感支持和保护的需求时，安全依恋就会发生。反应灵敏的照料者还会为孩子们独立玩耍、爬行或探索环境提供足够的“空间”。

如果婴儿与看护人之间的依恋是焦虑逃避型的，那么婴儿与看护人分开时会感到分离焦虑，并且在看护人返回时不会感到放心。如果当婴儿在看护人离开时既没有表现出受苦的迹象，并且在他返回时也没有表现出很满意的情绪时，那么婴儿与看护人之间的关系就是焦虑回避型的依恋关系。混乱型依恋包括缺乏依恋行为。玛丽·梅因和埃里克·赫西（Mary Main and Erik Hesse, 1990）假定，混乱型依恋的照料者会对孩子造成不可预知的恐惧，而混乱是对这种恐惧和矛盾的回应。

依恋的安全感是一个宽泛的概念，需要进行澄清（Diamond and Marrone, 2003：70）。儿童既可能与一个照料者建立安全依恋关系，而与另一个照料者不能建立安全依恋关系，或者也可能与两个照料者都建立或未建立安全依恋关系。这也表明依恋的安全感反映在关系类型和心理功能的类型上，包括自我意识和自尊心。自我意识或自尊心可以与依恋的安全感分开进行评估，也可以被视为依恋的安全感的间接指标。依恋理论不断发展，产生了新的规范和表述（Crittenden, 1995；Marrone, 2014）。20 世纪 80 年代，该理论已扩展到对成年人之间的依恋和代际视角（Grossman et al., 2005）。尽管成年人的生活主要受到正式关系中期望、义务和角色的影响，但成年人之间的情感支持关系和对下一代的照料养育也是重要内容（Kahn and Antonucci, 1980）。在某些家庭中，由于父母的身体健康问题或药物滥用问题，儿童可能在童年时期就已经习得父母的照料方式，扮演着照顾者的角色（Dearden and Becker, 2004）。

也有研究从依恋理论的角度探究忽视(Smith and Fong, 2004)和虐待对儿童及其在新关系中的行为的影响(参见 Kaufman and Cicchetti, 1989)。经历过虐待的儿童往往对他人持谨慎和保守的态度,并且不太信任他人(Bugental, 1993)。他们也可能受到创伤。没有安全感的儿童可能缺乏协调亲密关系的连贯策略,这也给专业工作带来了挑战。迈克尔·J.劳勒等(Michael J. Lawler et al., 2011)提出了基于干预的模型,通过关注儿童与父母或养父母之间的亲密关系来解决虐待问题。

大卫·豪(David Howe, 1997: 167)使用"儿童的人际环境"一词来形容父母之间的关系质量,以及儿童与照顾者、兄弟姐妹、其他家庭成员、同伴之间的关系质量。个人的心理一致感、心理素质与关系历史有关。豪不认为社会工作仅仅考虑了心理学上的个人主义,它还必须考虑儿童和家庭所处的更广泛的社会和文化环境。关系基础之上的社会工作实践不应将案主生活的社会层面边缘化(Ruch, 2005: 119)。儿童的社会背景与儿童的福利有关。例如,儿童权利和社会正义问题是儿童福利工作的基础。鲁赫(2005: 114)提出,需要通过一种整体性方法来解释个人—结构方面的原因。他认为不仅要聚焦家庭内部的人际关系,还要聚焦家庭的社会经济地位和家庭背景,以及可能影响孩子和父母应对方式的压力源。理论方法的作用是帮助人们理解家庭中相互关系的动态,并解释人类的复杂性。

父母与儿童福利社会工作者的关系

在儿童福利工作中,互惠关系是一个多层次的现象。与其他情况下的互惠关系不同,它嵌入在社会工作者和案主、看护者(寄养者)、其他专业人士、护理组织、案主家庭及其社交网络关系中。儿童和家庭可能会遭受压力、经济问题或忽视和虐待等问题,这些问题可能危及家庭成员之间的互惠关系和积极互动。另外,在处于危机中的家庭内部,可能缺乏满足孩子信任发展和相互关系的最佳条件。互惠的缺乏可能体现在多种关系中,儿童福利的挑战在于如何反思这些关系并帮助父母与子女建立和维持互惠关系。

一个重要的伦理问题是儿童福利或公共部门究竟如何要求父母好好照顾他们的孩子。从互惠的角度来看，儿童并不一定需要与专业人士完全平等地分享、交换、给予和接受某些东西。那些接受儿童福利服务的家庭可能以前从来没有向亲戚和服务机构寻求帮助，当然这也可能是他们进入服务系统的障碍。研究发现，寻求或接受帮助时存在多种障碍，这可能源自恐惧、信息获取问题、对寻求帮助的态度、对服务的误解、沟通困难、家庭成员对干预的敌意以及日常生活压力和复杂性（Cortis et al.，2009）。儿童福利可能会发现复杂的依恋关系和诸如家庭秘密之类的隐藏因素。所有类型的家庭秘密都会对人际关系产生影响（Smart，2011：551），特别是与生殖或性生活相关的秘密能够重构家庭关系。当然也要承认，人们不接受服务的原因可能是服务不能满足他们的需求。

“难以接触的家庭”一词适用于那些还没有准备好获得服务的家庭。同义词包括“隐藏人口”“脆弱家庭”和“具有复杂需要的人”。在使用的形容词性短语中，有“服务不足的”“被社会排斥的”“弱势的”和“高风险的”。某些少数族裔人群或社区获得服务的可能性也比较低（Boag-Munroe and Evangelou，2012：211－212）。因为社会、经济和文化结构不同，不是所有家庭都能得到服务和干预，服务提供者可能无法满足某些家庭的需求。“抵抗服务”（service-resistant）强调个人接受服务的责任（Cortis et al.，2009：3）。对难以接触的家庭展开相关研究提高了人们对理解家庭及其生活方式的困难的认识。应该多讨论家庭的参与问题，无论其背景如何，这种讨论都有助于我们对关系及其干预进行更多的理解。是否有权拒绝参与，这一问题需要从伦理上进行讨论。

我们可以从介入、合作和参加的角度来定义参与。根据詹姆斯·格拉德斯通等（James Gladstone et al.，2014：56）的说法，在儿童福利个案工作中，工作人员和父母的参与是相互关联的。这是服务提供者、社会工作者和儿童家庭之间的互惠过程。参与相当于促进参与服务的过程（Cortis et al.，2009：3）。对个案工作技能的研究表明，建立关系的技能是必要的，但还不够，需要支持合作关系和反压迫方法的技能。父母必须参与干预，社会工作者必须关心和支持,并称赞父母的努力和成就(Gladstone et al., 2014)。

当父母在私人家庭生活中面临许多挑战时,他们并不总是愿意向儿童福利工作者透露自己的生活状况。父母参与儿童福利服务是以关系为基础的。登迪·普拉特(Dendy Platt, 2012: 142)将父母在儿童福利情境中的参与定义为"在社会工作和相关机构的服务中,父母对孩子进行的相互、有目的的行为和互动,以期取得积极成果"。从平等分享和相互交流的意义上说,儿童福利工作者与儿童及其父母之间的关系不是互惠的,这也不是儿童福利工作的最终目标。文献和模型(例如,父母参与的综合模型,请参阅Platt, 2012)可帮助儿童福利工作者了解案主的社会和心理背景,以及他们在儿童福利服务方面的意愿和能力。人们并不总是理性的。有意识和无意识的情感维度使人际关系(包括专业关系)更加丰富和复杂。社会工作者必须能够反思自己的技能,以及自我和人际关系的用途,通过这种关系来进行干预(Ruch, 2011)。

社会工作者与每天都在困难中挣扎的父母的关系并不是一成不变的。家庭背景、服务背景、所有与儿童和案例有关的问题,都会影响儿童福利工作者与儿童父母的关系。此外,父母以前的经历会影响他们作为法定监护人与公共当局合作的意愿。

在将孩子安置在家庭之外的情况下,儿童福利工作者面临的挑战是支持孩子与亲生父母之间的关系,在安置期间保持他们的关系和互动。儿童无论是在父母家还是在家庭外的照管中,都有权享有安全、持续的互惠关系和环境,这些确保了他们的幸福感和健康发展。

建立儿童与儿童福利工作者之间的互惠关系

基于关系的社会工作和研究因为涉及弱势儿童和敏感问题,可能给儿童和专业人士带来道德、实践和情感等方面的挑战。社会工作者基于各种目的,会接触儿童和年轻人,以维护其安全、稳定和福祉。与社会工作者的接触对儿童来说包含多种经验和意义。另外,儿童可能拥有其他人所不具备的知识,这可能导致儿童急于寻求信息。

先前基于对儿童和社会工作者的访谈所进行的定性研究(如 Bell, 2002; Pölkki et al., 2012; Bijleveld et al., 2015)表明,儿童希望社会工作者对他们说的内容真正感兴趣,能倾听、传达准确且重要的信息,能考虑他们的意见和愿望。在我们自己的研究中(Pölkki et al., 2012),一个孩子说:"一名好的社会工作者会倾听年轻人的声音,并理解其感受。如果年轻人有任何担心,可以随时与他联系。"当社会工作者没有注意到孩子家庭的真实情况时,孩子会感到惊讶:"我发现他们从未意识到家庭中的一切不愉快,这是很愚蠢的。"孩子们同时寻求更多的、准确的信息,以了解其安置原因和未来计划。他们觉得与安置在社区相比,被安置在寄养家庭后,他们会更好地被倾听,并且能够有一定的自主性。社会工作者指出了儿童参与的许多障碍,其中许多与人力和组织资源的短缺,或者他们自身与儿童合作的技能不足有关。他们还提到了孩子对父母的忠诚,并反思了个性和缺乏支持对工作的影响。这些都是基于关系的工作中的关键环节。

专业人士和儿童、家长之间通过面对面接触而发生的事情很少被观察到,尽管这对理解实践的动态性、推动理论知识发展和提升技能至关重要。卡伦·布罗德赫斯特和克莱尔·梅森(Karen Broadhurst and Claire Mason, 2012)认为,尽管当今网络媒介通信的使用越来越普遍,但面对面开展工作的价值尤为重要。他们介绍了何谓"肉体上的共同存在",认为它可以为社会工作者提供很多帮助。

根据一项参与式观察研究,哈里·弗格森(Harry Ferguson, 2016a)发现,社会工作者以某种方式观察大多数儿童,并与之接触和交流,试图了解儿童的健康和需求。只有在特殊情况下,社会工作者在实际工作中才不会真正关注部分儿童,这些儿童要么被抛弃,要么完全被无视。后来,弗格森(2016b)对"儿童在日常生活中为何没有得到关注"这种情况进行了深入分析,认为社会工作者能够提升儿童与其家庭之间的亲密感。在一些短期和长期的工作中,社会工作者与儿童的关系是非常密切的。他们不仅与孩子们交谈,而且还拥抱、抚慰孩子们。四岁及以上的孩子可以自己说话。弗格森的研究表明,有时孩子们没有进行有意义的互动,与缺少一种促进亲密的方法有很大关系,这种方法包括眼神接触、说话、主动聆听、玩游戏、触摸和近距离观察。因此,他建议使用“无人照看的孩子”这个术语来代替“看不见的孩子”。卡伦·温斯特等(Karen Winter et al., 2017)也提出了有趣且有用的策略,例如,社会工作者通过玩游戏的方式与孩子们交流。

此外,弗格森(2016b)还描述了社会工作者是如何一直被工作的情感强度,以及与愤怒、抗拒的家长等开展复杂的互动活动困扰的。员工在控制情感和厘清思维方面受到组织文化、时间和支持不足的影响。“把案主始终放在心上”是很困难的。因此,“看不见的孩子”是那些被工作人员和系统“忽略”的孩子。儿童保护专业人士会经历强烈的情绪(如焦虑、恐惧、希望、绝望和仇恨),因为这些情绪会通过案主投射到他们身上。关键是通过什么方式来管理和控制这些不可避免的情绪。如果专业人士缺乏控制(如督导、与同事讨论),那么思想和情感之间的联系可能会中断,他们可能会通过身体和情感上的分离来保护自己,有时甚至远离那些寻求帮助的人,以使自己免受情感折磨。

儿童与社会工作者之间的关系是参与的最重要的推动因素(Ganna Van Bijleveld et al., 2015)。儿童、个案管理员和社会工作者已经证明了要建立这种关系有不少阻碍。专业人士还发现了儿童参与不当的情况。导致这些情况发生的原因可能是刻板的社会文化印象,比如,将儿童视为弱势群体,认为他们需要成年人保护。儿童的参与权和受保护权之间存在着紧张关系。约翰娜·赫蒂格(Johanna Hurtig, 2006)分析了妨碍社会工作者向孩子询问重要问题的专业解释框架:孩子太脆弱,孩子是家庭不可分割的一部分,孩子的忠诚使他无法透露家庭问题,向社会工作者谈论家庭事务会给孩子带来问题。这些框架揭示了与儿童接触的复杂动态。社会工作者的角色和任务是相互关联的,甚至是相互冲突的,他们是个案工作者或顾问、倡导者、合作伙伴、风险或需求评估者、护理管理人员和社会控制代理人(Asquith et al., 2005: 2－3; Winter 2009)。

近几十年来,儿童权利在许多方面得到了促进。但是,儿童在与社会工作者的关系中可能是充满依赖性、无能为力的。孩子面临的风险越大,社会工作者在影响孩子的生活和未来的决策中可以使用的权力就越大。社会工作者有责任促进儿童参与儿童福利进程,从最深层的意义上说,就是促进儿童参与自己的生活。

讨　论

关于基于关系的儿童福利工作的讨论是非常广泛的，不可能一一回顾。许多基于关系的方法已经有了理论解释。依恋理论和社会心理学理论在儿童福利领域影响深远（Howe, 1997; Lawler et al., 2011），并且已经衍生出若干针对儿童和父母的工作模型。研究表明，有必要反思案主和关系的动态性、复杂性，这需要运用整体和系统的方法（Ruch, 2005; 另参见 Trevithick, 2003），或采用帮助问题家庭的综合性模型（参见 Platt, 2012）和认知导向的方法（Turney, 2012）。在评估儿童的最大利益时，互惠性尚未被广泛地理论化。我们认为，互惠可以为基于关系的儿童福利提供理论基础。

自从《儿童权利公约》在国际讨论中引入了保护、参与和提供这三者以来，包括芬兰在内的许多国家在儿童和家庭政策方面都做出了很多努力。在国际公约和儿童福利文献中，互惠以某种方式在安全、持久和福祉的原则上得到了具体体现。近年来，专业人士和公众对弱势儿童的认识有所增强，并制定了预防措施。在北欧的福利体系中，早教老师和妇幼保健诊所的工作人员提供的资源和服务能满足几乎所有学龄儿童的需求（Pölkki and Vornanen, 2015）。我们仍然要关注的是，儿童福利专业人士是否真的了解儿童或青少年所处的环境，是否了解动态的互惠关系，是否能够集中精力在互惠型关系中促进儿童成长。

家庭中的问题并不总是短暂的危机。相反，它们可能植根于家族史、贫困或贫困社区中，并且可能在很长一段时间内发展、升级。因此，我们有理由反思家庭中的互惠和安全关系是否受到威胁。从互惠的角度来看，对儿童福利的评估应关注关系的历史、情感关系的强度和质量，以及是否提供良好的照料。互惠关系对感受到被认可并发展主体性和自尊心至关重要。在初级社会化过程中，以及在与专业人士的接触中，很多问题实际上与个人存在和行为的合法性等相关。互惠的概念加强了对儿童福利中归属、认可和合法化的理解。

如前几章所述,在与儿童、青少年和成年人建立互惠关系,或基于关系开展儿童福利工作时,我们要考虑一些先决条件和障碍。关于工作模型核心要素的信息也越来越多,至少在某些情况下这是有用的。例如,安全标志模型和安全基础模型强调与儿童建立安全关系,在安全关系中建立互惠关系。关系的质量对儿童福利服务至关重要:它促进或抑制了在关系中工作的可能性。相关儿童福利文献介绍了几种基于关系的儿童福利工作方法。我们认为,这些模型与关注案主家庭中动态的互惠关系有关,并且可以为有孩子的家庭如何改善关系提供实质的帮助。

当儿童及其父母与之前从来不认识的社会工作者见面时,他们希望自己的隐私能得到社会工作者的尊重。初次见面很重要,这为进一步的工作和其他援助过程打下了基础。父母的参与对社会工作者来说很重要。儿童、父母和社会工作者三者可能有不同的要求,这取决于儿童和家庭需要哪种支持或干预。如果孩子与父母之间的互惠关系较弱,则可能需要来自社会网络和社会工作者更强有力的支持。在与儿童缺乏信任关系的情况下,社会工作者可能很难发现即将发生的危险。

基于关系的儿童福利方法需要扎实的理论基础,其中包括有关童年、儿童发展和社会工作的各种理论和实践知识。我们强调儿童和父母的知识生产,以及父母在支持互惠和情感反馈过程中参与的重要性。尽管社会工作者的取向和方法可能有所不同,但儿童福利社会工作者始终需要与关系打交道,并在关系中开展工作。我们建议通过关注专业人士、父母和儿童之间的工作关系,以及通过一些更深入的特定理论模型来反思当前的做法。在弱势环境下对弱势案主开展工作涉及社会心理和治疗因素。儿童福利社会工作者需要掌握良好的实践技能和咨询技巧,同时还要为案主提供心理治疗服务。

关注儿童福利中的互惠性很重要,这不仅是为了应对与儿童忽视、虐待相关的风险,也是为了帮助儿童在童年时期获得社会资本。互惠对社会资本的发展至关重要,尤其是在问题严重且长期存在的情况下。这对儿童福利研究和基于关系的实践的发展都有影响。

参考文献

Ainsworth, M. D. S., Blehar, M. C., Waters, E. and Wall, S., 1978. *Patterns of attachment: A psychological study of the strange situation.* Hillsdale, NJ: Erlbaum.

Asquith, S., Clark, C. and Waterhouse, I., 2005. *The role of the social worker in the 21st century: A literature Review.* Edinburgh: Scottish Executive.

Bell, M., 2002. Promoting children's rights through the use of relationship. *Child & Family Social Work*, 7, 1–11.

Bernath, S. and Feshbach, N. D., 1995. Children's trust: Theory, assessment, development, and research directions. *Applied and Preventive Psychology*, 4, 1–19.

Boag-Munroe, G. and Evangelou, M., 2012. From hard to reach to how to reach: A systematic review of the literature on hard-to-reach families. *Research Papers in Education*, 27 (2), 209–239.

Bourdieu, P., 1984/1979. *Distinction: A social critique of the judgment of taste.* Cambridge, MA: Harvard University Press.

Bowlby, J., 1969. *Attachment and loss, vol. 1: Attachment*, 2nd ed. London: Penguin Books.

Bowlby, J., 1973. *Attachment and loss, vol. 2: Separation.* London: Hogarth Press.

Bowlby, J., 1980. *Attachment and loss, vol. 3: Loss, sadness and depression.* London: Hogarth Press.

Broadhurst, K. and Mason, C., 2012. Social work beyond the VDU: Foregrounding co-presence in situated practice – why face-to-face practice matters. *British Journal of Social Work Advance Access*, published 5 September 2012.

Bugental, D. B., 1993. Perceived control and child abuse. *Scientist*, 45, 294–304.

Bunn, A. 2013. Signs of safety in England. An NSPCC commissioned report of the signs of safety model in child protection. NSPCC. https://www.nspcc.org.uk/globalassets/documents/research-reports/signs-safety-england.pdf [Accessed 13 October 2016].

Child Welfare Act. 2007. Unofficial translation. Ministry of social affairs and health, Finland. http://www.finlex.fi/en/laki/kaannokset/2007/en20070417.pdf [Accessed 15 May 2016].

Cortis, N., Katz, I. and Patulny, R., 2009. Engaging hard-to-reach families and children. Canberra: Australian Government Department of Families, Housing, Community Services and Indigenous Affairs. https://www.dss.gov.au/sites/default/files/documents/op26.pdf [Accessed 13 October 2016].

Crittenden, P. M., 1995. Attachment and psychopathology. In: S. Goldberg, R. Muir and J. Kerr (eds.) *John Bowlby's attachment theory: Historical, clinical and social significance*, (pp. 367–406), NY: Analytical Press.

Dearden, C. and Becker, S., 2004. Young carers in the UK: The 2004 Report. London: Carers UK.

Diamond, N. and Marrone, M., 2003. *Attachment and intersubjectivity.* London: Whurr.

Diekmann, A., 2004. The power of reciprocity: Fairness, reciprocity, and stakes in variants of the dictator game. *Journal of Conflict Resolution*, 48 (4), 487–505.

Erikson, E. H., 1950. Childhood and society. New York: W.W. Norton & Company, Inc.

European Convention on Human Rights. European Court of Human Rights. Council of Europe. http://www.echr.coe.int/Documents/Convention ENG.pdf [Accessed 15 May 2016].

Ferguson, H., 2016a. What social workers do in performing child protection work: Evidence from research into face-to-face practice. *Child & Family Social Work*, 21, 283–294.

Ferguson, H., 2016b. How children become invisible in child protection work: Findings from research into day-to-day social work practice. *British Journal of Social Work Advance Access*, published 30 June 2016.

Gilbert, N., ed., 1997. *Combatting child abuse: International perspectives and trends.* New York: Oxford University Press.

Gilbert, N., Parton, N. and Skiveness, M., 2011. *Child protection systems: International trends and orientations.* New York: Oxford University Press.

Gladstone, J., *et al.*, 2014. Understanding worker–parent engagement in child protection casework. *Children and Youth Services Review*, 44, 56–64.

Grossman, K. E., Grossmann, K. and Waters, E., 2005. *Attachment from infancy to adulthood.* New York: Guilford Press.

Hearn, J., *et al.*, 2004. What is child protection? Historical and methodological issues in comparative research on lastensuojelu/child protection. *International Journal of Social Welfare*, 13 (1), 28–41.

Hingley-Jones, H. and Ruch, G., 2016. ′Stumbling though′? Relationship-based social work practice in austere times. *Journal of Social Work Practice*, 30 (3), 235–248.

House, B., Henrich, J., Sarecka, B. and Silk, J. B. 2013. *Evolution and human behaviour*, 24 (1), 86–93.

Howe, D. 1997. Psychosocial and relationship-based theories for child and family social work: Political philosophy, psychology and welfare practice. *Child and Family Social Work*, 2, 161–169.

Hurtig, J., 2006. Lasten tieto sosiaalityön haasteena (Children's knowledge as a challenge for social work). In: J. H. Forsberg, A. Ritala-Koskinen and M. Törrönen (eds.) *Lapset ja sosiaalityö. (Children and social work).* pp. 167–193. Jyväskylä: PS-kustannus.

Kahn, R. L. and Antonucci, T. C., 1980. Convoys over the life course: Attachment, roles, and social support. In: P. B. Baltes and O. Brim (eds.) *Life-span development and behavior*, 3, 253–268. New York: Academic Press.

Kaufman, J. and Cicchetti, D., 1989. Effects of maltreatment in school-age children's socio-emotional development: Assessments in a day-camp setting. *Developmental Psychology*, 25, 516–524.

Lawler, M. J., Shaver, P. R. and Goodman, G. S., 2011. Toward relationship-based child welfare services. *Children and Youth Services Review*, 33, 473–480.

Main, M. and Hesse, E., 1990. Parents' unresolved traumatic experiences are related to infant disorganized attachment status: Is frightened and/or frightening parental behavior the linking mechanism? In: M. Greenberg, D. Cicchetti, and M. Cummings (eds.) *Attachment in the Preschool Years.* Chicago: Chicago University Press.

Marrone, M. 2014/1998. *Attachment and interaction.* 2nd ed. London: Jessica

Kingsley Publishers.
Molm, L. D., 2010. The structure of reciprocity. *Social Psychological Quarterly*, 73 (2), 119–131.
O'Leary, P., Tsui, M. S. and Ruch, G., 2013. The boundaries of the social work relationship revisited: Towards a connected, inclusive and dynamic conceptualisation. *British Journal of Social Work*, 43, 135–153.
Platt, D., 2012. Understanding parental engagement with child welfare services: An integrated model. *Child and Family Social Work*, 17, 138–148.
Pölkki, P., 1992. Is the voice of children at risk heard in the Finnish child welfare system. In: P.-L. Heiliö, E. Lauronen and M. Bardy (eds.) *Politics of childhood and children at risk: provision—protection—participation*. Helsinki: Stakes, 91–93.
Pölkki, P., Vornanen, R., Pursiainen, M. and Riikonen, M., 2012. Children's participation in child protection processes as experienced by foster children and social workers. *Child Care in Practice*, 18 (2), 107–125.
Pölkki, P. L. and Vornanen, R., 2015. Role and success of Finnish early childhood education and care in supporting child welfare clients: perspectives from parents and professionals. *Early Childhood Education Journal*, 44, 581–594.
Pölkki, P. L., Vornanen, R. and Colliander, R., 2016. Critical factors of intensive family work connected with positive outcomes for child welfare clients. *The European Journal of Social Work*. doi: 10.1080/13691457.2015.1137868 (published online first), http://dx.doi.org/10.1080/13691457.2015.1137868.
Pösö, T., 2011. Combatting child abuse in Finland. In: N. Gilbert, N. Parton and M. Skivenes (eds.) *Child protection systems: international trends and orientations*. New York: Oxford University Press, 112–130.
Ridley, M., 1998. *The origins of virtue*. UK: Penguin UK.
Ruch, G., 2005. Relationship-based practice and reflective practice: Holistic approaches to contemporary child care social work. *Child and Family Social Work*, 10, 111–123.
Ruch, G., 2011. Where have all the feelings gone? Developing reflective and relationship-based management in child-care social work. *British Journal of Social Work*, 42 (7), 1315–1332.
Ruch, G. and Julkunen, I., (eds.) 2016. *Relationship-based research in social work. Understanding practice research*. London: Jessica Kingsley Publishers.
Salveron, M., Bromfield, L., Kirika, C., Simmons, J., Murphy, T. and Turnell, A., 2015. 'Changing the way to do child protection': The implementation of signs of safety within the Western Australia department for child protection and family support. *Children and Youth Services Review*, 48, 126–139.
Schaffer, R., 1977. *Mothering*. Cambridge, MA: Harvard University Press.
Schofield, G., 2002. The significance of a secure base: A psychosocial model of long-term foster care. *Child and Family Social Work*, 7, 259–272.
Schofield, G. and Beek, M., 2005. Providing a secure base: Parenting children in long-term foster family care. *Attachment & Human Development*, 7 (19), 3–25.
Schofield, G. and Beek, M., 2009. Growing up in foster care: Providing a secure base through adolescence. *Child and Family Social Work*, 14, 255–266.
Smart, C. 2011. Families, secrets and memories. *Sociology*, 45, 539–553.
Smith, M. and Fong, R., 2004. *The children of neglect: When no one cares*. New York: Brunner-Routledge.

Social Welfare Act 2014/1301. Ministry of Social Affairs and Health, Finland. http://stm.fi/en/social-and-health-services/legislation [Accessed 15 May 2016].

STM 2013. Toimiva lastensuojelu. Selvitysryhmän loppuraportti. (A national committee report on child welfare in Finland by the Ministry of Social Affairs and Health) Sosiaali- ja terveysministeriön raportteja ja muistioita 19/2013.

Sundell, K. and Ferrer-Wreder, L., 2014. The transportability of empirically supported interventions. In: A. Shlonsky and R. Benbenishty (eds.) *From evidence to outcomes in child welfare. An international reader.* Oxford: Oxford University Press, 41–58.

Torche, F. and Valenzuela, E., 2011. Trust and reciprocity: A theoretical distinction of the sources of social capital. *European Journal of Social Theory*, 14 (2), 181–198.

Törrönen, M., 2015. Toward a theoretical framework for social work—reciprocity: The symbolic justification of existence. *Journal of Social Work Values and Ethics*, 12 (2), 77–87.

Trevarthen, C., 1993. The self born in intersubjectivity. The psychology of an infant communicating. In: U. Neisser (ed.) *The perceived self: Ecological and interpersonal sources of self-knowledge.* New York: Cambridge University Press, 121–173.

Trevithick, P., 2003. Effective relationship-based practice: A theoretical exploration. *Journal of Social Work Practice*, 17 (2), 163–176.

Turnell, A. and Edwards, S., 1997. Aspiring to partnership: The signs of safety approach to child protection. *Child Abuse Review*, 6, 176–190.

Turnell, A. and Edwards, S., 1999. *Signs of safety: A solution and safety oriented approach to child protection casework.* New York: W. W. Norton & Company.

Turney, D., 2012. A relationship-based approach to engaging involuntary clients: The contribution of recognition theory. *Child and Family Social Work*, 17, 149–159.

van Bijleveld, G. G., Dedding, C. W. W. and Bunders-Aelen, J. E. G., 2015. Children's and young people's participation within child welfare and child protection services: A state-of-the-art review. *Child and Family Social Work*, 20, 129–138.

Winter, K., 2009. Relationships matter: The problem and prospects for social workers' relationships with young children in care. *Child and Family Social Work*, 14, 450–460.

Winter, K., Cree, V., Hallett, S., Hadfield, M., Ruch, G., Morrison, F. and Holland, S., 2017. Exploring communication between social workers, children and young people. *British Journal of Social Work*, 47 (5), 1–18.

Wood, A., 2001. The origins of family systems work: Social workers' contributions to the development of family theory and practice. *Australian Social Work*, 54 (3), 15–29.

Zahn-Waxler, C, Radke-Yarrow, M., Wagner, E. and Chapman, M., 1992. Development of concern for others. *Developmental Psychology*, 28, 126–136.

第三部分　互惠：方法和教育议题

第八章　与研究生在创作中培养互惠关系

图拉·海诺宁

引　　言

在世界各地的许多高校中,社会工作专业的导师通常和他们的学生建立一对一的关系。这种关系就像一位"专家"在指导一位"新手",帮助他适应学术环境。杰夫·格尔(Geoff Gurr, 2001)认为,这种由来已久的研究生教育方法被人们视作学生成才的关键。这是高等教育的一个特点,加拿大大学(包括笔者任职的曼尼托巴大学)的咨询和督导就体现了这一点。在加拿大,历史悠久的学校大多在研究生教育阶段开设社会工作专业。在这种情况下,互惠在导师的督导工作中远不如鼓励和指导学生取得好成绩并顺利毕业重要。因此,导师和学生的角色可以被类比为"专家"和"新手"。但是当互惠作为学术监督和督导的一部分被引入师生关系时,研究生被鼓励积极地与导师共享反思过程,这就形成了一种与前文不同的关系。这种新型关系可能会引发理论研讨类的协作、共同研究和联名出版等活动(参见 Halse and Bansel, 2012)。另外,还可以引入适用于跨国、跨文化背景师生关系的创作方法作为补充,增强研究生和导师之间的互惠氛围。

本章探讨了创造性方法在提高学习质量、促进导师和研究生共同参与学习过程中可以发挥的作用。笔者引入了一种复合媒材艺术活动,这项活动要求学生对自己过去一年的学习进行反思,并在年度学业综述中根据个人经历和感受进行视觉表达创作(Heinonen, 2015)。学生创作的作品同时要配上关于作品本身及其意义的简述与短评。收到学生的作品和陈述后,作为导师的笔者会用视觉描述加文字的形式进行回复。这种方法被称为

“艺术回应”(Fish, 2008),来源于表现性艺术管理领域,旨在鼓励从业人员表达、反思,以及和管理对象沟通。在这项活动中,互惠得以培养,参与双方有了新的见解,建立起了更牢固有效的师生关系。

背景与情境

我认为,研究生管理是一门需要时间来磨炼的技艺。它源于一个人的专业素养、价值观念、宗教信仰、教育视野和实践的原则与取向。对很多教育工作者而言,与研究生共事并注视着他们在学术和专业领域不断成长是一段充满挑战、令人振奋而心满意足的经历。学生也是我的老师,帮助我不断反思自己的管理实践,提高我作为他们导师、引路人、合伙人和支持者的能力。

在完成了几年的艺术疗法学习,并将学习成果应用于各种小组工作后,我打算将其引入社会工作专业研究生的督导中。我有着将艺术作为反思、表达和改变之工具的经验,我个人的职业发展也得益于对视觉艺术工具的应用。我的经历使我萌生了将这种基于艺术的手段应用到学生督导中的想法。我也看到了艺术手段和互惠学习在督导中的巨大潜力,决定在研究生督导工作中融入视觉艺术方法。在实践中,我观察到了和研究生进行共同创作活动时互惠的形成过程。诚然,项目合作、共同教学等方式也可以在导师和学生之间建立起互惠关系,但我仅关注在督导情境下,因艺术创作实践而建立起的互惠关系。尽管在社会工作实践和研究中以艺术为基础的方法有所复兴,但关于这种方法在研究生督导中的应用经验的相关文章仍然稀缺(Barrett and Hussey, 2015)。因此,我们有必要进一步讨论将这种艺术手段用于研究生管理的潜在贡献(和局限性),并对其进行评估。

为了在研究生的年度总结中增加一个富有参与感且更互惠的过程,我加入了运用拼贴画的平行活动和复合媒材艺术活动。我会用艺术回应(Fish, 2008)的一些实例来展示、说明怎样对学生们的作品和陈述进行回复。在本章最后,我总结了互惠经验和整合表现艺术的潜力,从而促进社会工作监督中互惠关系的建立。

研究生督导

专业课程(如社会工作)的老师将督导研究生作为日常教学工作的一部分。他们定期与学生见面,一起讨论学业、课程时间表、书面作业,以及与学生的研究方向相关的概念、理论等话题。这种会议通常在导师办公室举行,持续一个小时左右。其间,导师还要填写一张重要的表格。这张表格的作用是核对学生的课程完成情况、目标达成情况和时间遵守情况,决定了学生能否进入下一学年的学习。当学生们可能因为挂科、申请休学或延期毕业等需要这张表时,导师则要召开另一场会议来讨论情况,并填写新的表格。学生们倾向于把这些会议看作他们想要继续大学学业就必须迈过去的"槛"。对于学校而言,这些表格能帮助他们评估学生的进度,并根据学生的情况和需要做出决定。

大学的管理政策和行政结构都有对研究生进行责任制管理的倾向,导师们也被希望通过"师生之间规范化、结构化的知识传授过程"来遵循这一取向(Halse, 2011: 58)。

和有着丰富职业经验的、成熟的(成年人)学生建立起的督导关系一般更加和谐:导师和学生互相学习,很有互惠的风格。作为成年人,导师运用教育理论方法来帮助学生总结经验并建立知识体系(Knowles et al., 2015)。然而,督导中的共享互动和协作过程促进了学生进步,但这很难衡量。克里斯蒂娜·哈尔斯(Christine Halse, 2011: 558)认为,在督导过程中,被忽略掉的是"学习者、学习活动和学习环境之间的相互依存关系"。就像在课堂上一样,成熟的社会工作学生运用以其个人兴趣和工作经历为核心的学习方法来学习的效果最佳。因此,重要的是承认并借鉴学生们所取得的成就,以及他们所积累的工作经验和人生经历。在传统知识获取模式之外促进学习是有用的。为此,利用创意和体验式方法,可以增加和丰富研究生的督导经历(Coulshed, 1993; McArdle et al., 2013; Mulder and Dull, 2014; Barrett and Hussey, 2015)。

督导中的互惠

令人满意的人际关系的一个特点是积极互惠，其形式是给予、接受、分享和尊重。一个人对另一个人的积极行为通常会鼓励接受善意的人以某种方式来承认或者回报这种恩惠。关于工作场所的互动，布拉姆·布恩克等（Bram Buunk et al., 1993）将社会交换视为互惠关系的一个特征。在学业督导中，互惠性是督导关系中的一个专业组成部分（Halse, 2011）。然而，这并不意味着关系中存在平等。导师确实拥有很多权力，这对那些接受批判性审查（如论文有待进一步修改）的学生来说可能很困难。

在社会工作专业关系中，互惠很重要，因为社会工作者和案主一致认为他们都要付出时间和精力，以达到预期的目标。社会工作者的真诚、尊重、体贴、奉献和关心常常会得到案主的正面回应。与社会工作者和案主的关系相似，师生关系也包含了一定程度的互惠。对硕士研究生和博士研究生而言，教学和督导为他们提供了与导师交流、互惠的可能，有助于双方共同进步。韦罗尼卡·库尔谢德（Veronica Coulshed, 1993：6）表示，在研究生阶段，“学生的高级推理能力和批判反思能力将会提高”。

反思是社会工作师生互动所需的一项重要技能。对于社会工作学生来说，采用质疑和开放的态度，思考理论在实践中的应用是非常重要的（Bernard and Goodyear, 2004）。导师要让学生有足够的机会对他们在工作中满意的行为和忧心的问题加以探索并提出自己的看法。如果想做到这一点，或者发展任何形式的互惠关系，前提是双方相互信任。

在师生关系中，学习型联盟的特点是“有着相互责任和义务的合作行为”（Halse and Bansel, 2012：384）。而从人文主义的角度来看，互惠关系也包括导师对学生的促进过程（Cassidy, 2009）。与这种看法一致的是，在师生交往中运用反思方法作为辅助，来给研究生的研究提供新的思路和观点。

与本科生相比，由于研究生的需求和兴趣不同，导师与研究生的关系更有合作性和促进性。由于过程的持续性，导师与研究生在督导过程中更容易建立起互惠关系（Kalin et al., 2009）。

在以种族文化多样性和跨文化互动为特征的加拿大社会中，督导关系的建立常常也要跨文化背景。这时，导师要保持一颗尊重、开放和好奇的心来推动有效的交流和有意义的指导（Acker, 2011）。研究生对督导的效果可能会有不同的期望，这些需要进行讨论和协商。

毋庸置疑，研究生和导师之间的关系并不总是成功的。人际交往风格的不匹配以及相异的需求和期望都可能造成阻碍。而权力的不平衡可能是某些问题的根源，特别是学生几乎没有机会对督导会议的内容和形式加以探讨。这种情况下，学生可能需要花费更长的时间来完成学业（Murphy, 2009）。在督导关系中促进互惠时，导师必须意识到边界问题，这些问题可能引起不适当的期望或类似治疗师和案主之间的边界危机（Harrison and Grant, 2015）。

艺术在研究生督导中的运用

督导对研究生在工作中取得进步有着重要的作用。在督导中运用创作方法可以增加深度、丰富内涵，而这通过常规手段较难实现。教育工作者还观察到，在教学和管理中整合创作方法的好处之一是使学生能够用视觉或其他表达方式来表现他们的想法和经历（如 Walton, 2012; Mulder and Dull, 2014）。创作方法也可以为导师提供新的视角，他们可以用艺术化的表现手法来反思自己在督导过程中从学生身上习得和了解的事情（Wehbi, 2009）。利用大脑的直觉和创造力可以为已经建立了互惠关系的师生提供一种深刻且令人满意的理解和讨论工作的方式（Halse and Bansel, 2012）。此外，作为督导过程的组成部分，艺术创作还可以被视为"一种需要积极参与，引起人们反思，并能促进深刻见解产生和自我认识建立的努力"（Deaver and Shiflett, 2011：268）。创作过程代表了思维的最高水平，可以推动理论分析与创新（Simmons and Daley, 2013）。督导中的表现性艺术方法可以让学生反思自己在一段时间内的成长和学习。导师可以利用这个机会来表达他们对学生的观察和评价（Newsome, Henderson, and Veach, 2005）。当师生以学生创作的作品为交流的话题时，学生被视作"自己知识的创造者"

(McAuliffe, 2000),通过这种师生双方共同参与的艺术活动来培养互惠性反思,可能会给他们的研究和写作带来新的思路和想法。

创意艺术让导师和学生把讲故事、创作拼贴画、画画、写诗、摄影等活动作为督导过程的补充。社会工作和其他专业的老师都发现了学生发挥创造力的好处(如 Walton, 2012; McArdle et al., 2013; Mulder and Dull, 2014)。创造性的方法可以提供丰富的资源,为学生提供有用的见解。以艺术为基础的督导活动能够分享隐喻、印象和象征性图像,这些图像阐明了信仰、传统、价值观和实践。艺术创作允许学生表达,使学生感到自己被倾听、被认可、被欣赏。这种方法可能十分奏效,并值得深度挖掘。教职工也可能因此意识到在与研究生共事时引入这种以艺术为基础的方法的好处(Keddell, 2011; Hughes, 2012; Huss, 2012; Konopik and Cheung, 2012; Moxley et al., 2012; Walton, 2012; Desyallas and Sinclair, 2014; Mulder and Dull, 2014)。

研究生会把他们的生活经历连同其特殊意义一起带入督导关系中(Shor, 1992; Coulshed, 1993)。研究生的知识和经验是重要的资源,对他们综合运用所学到的概念和理论起到了补充作用,也为督导中的沟通交流提供了大量的素材。研究生与导师一起分享、讨论,也可以推动师生关系中互惠氛围的形成。

艺术可以向创作者和受众两方传达出强有力且发人深省的信息。此外,音乐、美术等创作方法还可以带来修复、疗愈和赋权的效果。目前,在社会工作实务、探索和教育中,艺术的复兴显而易见,很多作者都发表了以艺术方法作为补充或独立手段进行应用的作品(如 Coholic et al., 2009; Mulder and Dull, 2014; Bonnycastle and Bonnycastle, 2015; Conrad and Sinner, 2015; Sinding and Barnes, 2015)。

拼贴画在研究生督导中的应用

创作拼贴画是一种开放式项目,因为它代表着特定时刻的实践:它的形式和内容反映了个人想法、思想境界、文本、图像和其他创造性作品的并列，以及它们之间的对话（Vaughan，2003：41）。对许多人来说，拼贴画是一种有用的创作方法，因为它不需要对颜料、墨水、铅笔、蜡笔或其他艺术用品进行操作。对于许多不认为自己是艺术家的人来说，它是可以接触到的，而且不那么令人生畏。

将拼贴画作为创作方法，可以"传达概念和想法，并允许学习者进一步探索其中的联系"（Simmons and Daley，2013：4）。通过寻找、筛选和排列图片、文字，人们用具体或抽象的形式来表现他们的经历、过程和意义。拼贴画中的图片往往具有超出其本身的内涵，比如，一只鸟可能隐喻自由。只有创作拼贴画的人才能完整地描述和解释画中各元素的意义，以及它们与拼贴画的联系（Butler-Kisber，2010）。

"艺术回应"（Fish，2008）这种方法使我能够对学生的艺术作品和文字叙述进行回复。它让我可以确认学生真正想要向我表达的内容，并做出反馈。艺术回应是一种回报方式，即学生们对我的艺术和叙述的回应。在2014—2015年，这成了我督导工作中的一部分，与年度学业总结同时进行。

过程是这样的：我邀请学生来参加一项创意艺术活动，这项活动要求学生通过拼贴画和（或）复合媒材艺术，以书面或口头的方式来回应"你如何用视觉和语言来描述你今年的研究生学习经历"这个问题。这项活动并非强制性的，是否参与全凭学生的个人意愿。2014年，12位研究生中，有7位参与了这项活动；2015年，10位研究生中，有4位参与了这项活动。有几位学生连续两年都参与了。每位学生都围绕我提出的问题创作了一幅作品并配上了相关描述。大多数学生把他们的作品亲自带给了我或者用电子邮件发给了我，并通过电话或邮件与我直接沟通，以便向我阐释他们的作品，以及这些作品如何代表他们对上一年研究生学业的看法。

为了进行拼贴画练习，我从过去五年的杂志和报纸上选取了一部分图片。这些图片包含有趣的颜色和纹理或不同的主题，如机器零件、建筑、各种活动中的人、道路，以及室内和室外的风景。我选取了一部分由学生进行创作。

在一周内，我回顾了学生们创作和写作（或陈述）的内容，并将自己的艺术作品发送给他们每个人，还附上了书面回复。我使用了拼贴画和复合媒材手法，并通过电子邮件向他们发送评论，以回应我从他们对艺术作品的描述中了解到的内容。肯定也是我回复内容的一部分，因为我觉得他们为实现学习目标所做出的巨大努力和投入应该得到正确的认知和认真的倾听。我知道，即使学生与他人分享他们的工作内容，研究生工作仍然是在自律和孤独的背景下进行的。

在收到我的评论和作品后，许多学生告诉我，参与这次艺术活动对他们来说是什么样的，这个过程给他们带来了什么印象，他们对自己有什么认识。还有一些学生给我发了短信表示感谢。一些没有参加的学生表示自己时间不够，还有一些没有参加的学生表示不喜欢这样的活动。我认为，尊重学生的意愿很重要。

以我的艺术回应为例

出于伦理考量，我不讨论学生的叙述或他们的艺术作品，而是给出一些样例。此外，我将关注我个人在研究生督导创意活动中的经历和体会。最初考虑这项活动时，我就明白它会占用我和参与学生的额外时间。因为它需要我认真思考每一个学生创作的作品，仔细聆听他们所说的与作品含义和象征有关的每一句话。学生也付出了时间来创作作品，构思自己对作品的解释，并将其写成文字。学生的描述范围不仅包括作品的内容，还包括他们对作品进行构思和决定的过程。他们要对过去一年的研究生工作进行反思和陈述，并谈谈他们的作品怎样反映了他们的经历。研究生们在面谈会议中与我见面，给我打电话或者发邮件来表达自己的想法，大多数人享受艺术创作本身和这个能表达他们创作思路的机会。几位学生希望未来还可以参加这种活动，并跟我说他们在这个过程中意识到了自己在过去一年所取得的成就。一位学生告诉我，这个活动让她更专注于自己的研究思路，并且萌生了写研究计划的想法。有五位学生花了好几个小时精心创作自己的作品，并很高兴看到我对此做出了回应。其余两位采用了更经济的方式，把这项活动看作描述去年工作的另一种形式。对他们而言，艺术创作并没有令人感到特别激动，他们只用很短的时间就完成了自己的作品。

我对学生们的回应就像他们的艺术作品一样独特,我必须根据每个学生的情况,对这些作品进行解释。能够了解学生在过去一年的经历,以及他们从所学的知识和我们共享的经历中得到了怎样的灵感和动力,是我的荣幸。我从学生身上学到,导师有必要和学生对这种新型的督导方法进行讨论,以帮助学生理解应用这种方法的根本目的是提供比口头交流更加深入的过程。我也相信,在学业中遭遇了严重困难,甚至中断学业的学生可能会发现这种以艺术为基础的督导方法不太适合他们。

反思创作活动

通过为研究生引入创作活动,我想为通常由标准化会议流程和各种表格主导的年度总结增设一个创意维度。我还希望这项活动可以建立一种互惠过程,我可以在看到学生的拼贴画作品和他们的解释后给出反馈。拼贴画所使用的图片和其他材料(如杂志、报纸、蜡笔和印刷品)都来自学生自己家。他们将这些元素精心组合在一张纸上,试图表现他们过去一年的学习经历。当我们见面讨论作品的时候,我格外关注他们说了什么、写了什么,之后很快做出了回应。为另一个人创作作品,分享对学生一年以来的成就和挑战的感受,这种互惠过程让我越来越对这些研究生在多样的社会角色和与之相伴的、复杂的社会任务中仍能安排好学业的能力感到钦佩。显然,源于学生自己生活经历的知识为他们的研究工作奠定了基础。学习是一个持续的、互动的过程,它需要个人不断地吸收、讨论和反思新的信息,再对信息在具体情境中的实用性和适用性加以评估(Kolb, 1984; Cheung and Delavega, 2014)。在涉及师生互惠关系的语境里,它可以给师生双方都带来丰富的知识,促使自我实现变革。将创造性工作纳入研究生督导过程中的一部分,有助于学生获得并概念化与学业相关的观点,以及对生活、学习和工作的看法,并认识到它们如何随着时间的变化而变化。鲁道夫·阿恩汉姆(Rudolph Arnheim, 1969,转引自 Simmons and Daley 2013: 1)说道:"艺术是加强感性成分的最有力的手段,没有感性成分,我们在任何领域都不可能进行富有成效的思考。"感性需要右脑思考,解决问题、综合思考与创造力并存（Simmons and Daley, 2013）。

我希望学生们参加这项创作活动时，会对他们的学业有新的想法，获得一些对研究生工作有帮助的思考。我也希望合作艺术创作可以精进我的督导技术。研究生和导师一起进行拼贴画创作，可以帮助参与者“走出困境”并“用新的眼睛来看问题”（Simmons and Daley, 2013：6），使他们“超越认知障碍，在元认知层面进行反思”（Simmons and Daley, 2013：7）。我从研究生那里得到了类似的反馈，并在活动结束之后很快发现，大部分学生在工作中变得更积极，特别是在准备论文、制定高级实践方案和写报告的时候，但这也可能是因为年度总结本身就可以提高生产力。

我对每个学生的回应都建立在我的观察和与他们的交流之上，我重点关注他们的长处和学习方法。此外，我还了解到，他们即使在家庭、就业等方面面临挑战，仍然会通过放松和减压的方式来处理家庭、工作、学生的多重身份和任务。他们每个人都说，虽然通过艺术作品描述他们在这一年中面临的、经历的挑战需要花费更多时间，但是艺术作品为年度总结提供了价值。我也为每个参与活动的学生付出了额外的时间，这样我才能从他们身上了解到，我该怎样做才能满足他们的需求，支持他们的学业。这些信息也会对继续学生督导工作的我大有裨益。

在对学生的艺术回应中，我很关注学生们的个人兴趣和学术历程。很多学生告诉我他们是怎样遭遇并努力克服了各种艰难险阻，包括从时间问题到工作、生活中面临的新挑战。我认为我做的一件很重要的事情就是把他们说的内容融入我的艺术回应中，这是对他们这一年的成绩和努力的肯定。

通过艺术活动，研究生督导中的互惠性有了显著提高。我对研究生生活的复杂性，以及他们怎样安排学业并不断为此做出牺牲有了更深刻的认识。将师生共同参与的视觉方法整合进学生督导中，可以为反思和沟通提供新的思路。这个过程中的互惠性给研究生的督导过程提供了一个更深层次的维度（Halse and Bansel, 2012）。另外，艺术创作通常是天马行空且令人愉快的。我们发现了经验上的共性和差异，产生了交流观点和知识的机会，这对学生和导师来说都是一次有益的经历。

局限性、注意事项和结论

将艺术创作作为学生督导的一部分可能需要一些时间，在某些情况下，可能根本不合适。关于对使用游戏疗法的咨询师的督导，帕特里克·莫里塞特和香农·加德布瓦（Patrick Morrissette and Shannon Gadbois, 2006）提到了在咨询中使用创造性技术时可能出现的一些潜在问题。他们提到，被督导者在参与时可能会感到不适，因为咨询师可能并不想讨论被督导者提出的问题。艺术创作活动能够深度探索和发掘人类的体验，特别是在言语交流中很容易会被避开的部分。此外，研究生可能会希望以良好的表现来取悦导师，因为他们认为导师掌握着学业进程的“生杀大权”。这就要求导师提前告知学生他们有拒绝参加活动和随时退出的权利。

对于在艺术创作领域有过不好的经历，或者受过有关艺术能力的批评的学生而言，艺术活动可能不但没有什么吸引力，还会成为学生和导师之间互惠的阻碍。与艺术创作和作品讨论这种补充相比，这些学生可能会更愿意和他们的导师进行直接交流。与之相反的是具有高超艺术能力和丰富创作经验的学生，他们可能更关注自己作品的美学价值和吸引力，而不满足于创作一个只用于反映学业和讨论沟通的作品。学生需要首先明确这个活动的目的是作为督导经历的创意补充，再据此来判断自己是否愿意参与活动，以及如何从中获益。

如果学生正经历着一些困难或者处于过渡期，且影响到了他们的学业和个人生活，那么反思和艺术创作可能会导致不良情绪的产生，迫使他们回顾那些不愉快的体验（Hyun et al., 2006）。无论是否因为艺术创作或督导会议交流，一旦学生出现任何不良情绪，导师都应该立即给予支持。

不喜欢艺术创作活动的导师可能会认为这种做法很难或者令人感到疑惑。结果是，他们可能会意识到自己难以有效地进行这种以艺术为基础的督导，也难以很好地理解学生对作品的解释。对学生的作品进行艺术回应对他们而言可能并不是一件让自己提得起兴致的事。

以艺术为基础的督导方法为研究生督导中的常规方法提供了富有创造力且十分有趣的补充。但在使用过程中，这一方法要与督导的目的和背景、师生双方的兴趣和能力等相匹配。本章研究生督导中的视觉艺术活动（主要是拼贴画），这是一个由创造性活动和交流塑造的，通过相互反思和讨论来增强互惠的过程。

简言之，在研究生督导中运用艺术方法对于师生双方来说都可能是愉快刺激且趣味盎然的。整合创作方法可以产生新的看法和观点，增强动力。对享受用艺术创作来反思，并认为其极具启发性的学生而言，借助创意表达手段来与导师进行互惠自然会受益匪浅。对更偏爱纯粹的交谈的学生而言，这种建立在艺术基础上的督导可能不但不是更好、更有用的选择，反而有可能成为师生关系的绊脚石。但这并不意味着他们的师生关系中的互惠性就会受到限制，而是说运用诸如面谈、会议等常规方法的效果可能更显著。对他们而言，传统的督导方法是更好的选择。只有当学生（和导师）自愿在督导过程中通过艺术创作活动来提升其灵活性和互惠性时，以艺术为基础的督导方式才能给师生关系带来更高质量的互惠。

参考文献

Acker, S., 2011. Reflections on supervision and culture: What difference does difference make? *Innovations in Education and Teaching International*, 48 (4), 413–420.

Barrett, T. and Hussey, J., 2015. Overcoming problems in doctoral writing through the use of visualisations: Telling our stories. *Teaching in Higher Education*, 20 (1), 48–63.

Bernard, J. and Goodyear, R., 2004. *Fundamentals of clinical supervisions* (3rd ed.). Boston, MA: Allyn & Bacon.

Bonnycastle, M. and Bonnycastle, C., 2015. Photographs generate knowledge: Reflections on experiential learning in/outside the social work classroom. *Journal of Teaching in Social Work*, 35 (3), 233–250.

Butler-Kisber, L., 2010. *Qualitative inquiry: Thematic, narrative and arts-informed perspectives*. Thousand Oaks, CA: Sage.

Buunk, B., Doosje, B., Jans, L. and Hopstaken, L., 1993. Perceived reciprocity, social support, and stress at work: The role of exchange and communal orientation. *Journal of Personality and Social Psychology*, 65 (4), 801–811.

Cassidy, S., 2009. Subjectivity and the valid assessment of pre-registration student nurse clinical learning outcomes: Implications for mentors. *Nurse Education Today*, 29 (1), 33–39.

Cheung, M. and Delavega, E., 2014. Five-way experiential learning model for social work education. *Social Work Education: The International Journal*, 33 (8), 1070–1087.

Coholic, D., Lougheed, S. and Lebreton, J., 2009. The helpfulness of holistic arts-based group work with children living in foster care. *Social Work with Groups*, 32 (1–2), 29–46.

Conrad, D. and Sinner, A., eds., 2015. *Creating together: Participatory, community-based, and collaborative arts practices and scholarship across Canada*. Waterloo, ON: Wilfrid Laurier University Press.

Coulshed, V., 1993. Adult learning: Implications for teaching in social work education. *British Journal of Social Work*, 23 (1), 1–13.

Deaver, S. and Shiflett, C., 2011. Art-based supervision techniques. *The Clinical Supervisor* [online], 30 (2), 257–276. doi: 10.1080/07325223.2011.619456.

Desyallas, M. and Sinclair, A., 2014. Zine-making as a pedagogical tool for transformative learning in social work education. *Social Work Education*, 33 (3), 296–316.

Fish, B., 2008. Formative evaluation research of arts-based supervision in art therapy training. *Art Therapy: Journal of the American Art Therapy Association*, 25 (2), 70–77.

Gurr, G., 2001. Negotiating the rackety bridge – A dynamic model for aligning supervisory style with research student development. *Higher Education Research & Development*, *20*, 81–82.

Halse, C., 2011. 'Becoming a supervisor': The impact of doctoral supervision on supervisors' learning. *Studies in Higher Education*, 36 (5), 557–570.

Halse, C. and Bansel, P., 2012. The learning alliance: Ethics in doctoral supervision. *Oxford Review of Education*, 38 (4), 377–392.

Harrison, S. and Grant, C., 2015. Exploring new models of research pedagogy: Time to let go of master-apprentice style supervision? *Teaching in Higher Education*, 20 (5), 556–566. doi: 10.1080/13562517.2015.1036732.

Heinonen, T., 2015. *Arts-based expression in social work: Experiences in learning and teaching*. Final project, Vancouver, BC: Vancouver Art Therapy Institute.

Hughes, M., 2012. Unitary appreciative inquiry (UAI): A new approach for researching social work education and practice. *British Journal of Social Work*, 42 (7), 1388–1405.

Huss, E., 2012. What we see and what we say: Combining visual and verbal information within social work research. *British Journal of Social Work*, 42 (8), 1440–1459.

Hyun, J., Quinn, B., Madon, T. and Lustig, S., 2006. Graduate student mental health: Needs assessment and utilization of counseling services. *Journal of College Student Development*, 47 (3), 247–266.

Kalin, N., Barney, D. and Irwin, R., 2009. Complexity thinking mentorship: An emergent pedagogy of graduate research development. *Mentoring and Tutoring: Partnership in Learning*, 17 (4), 10–31.

Keddell, E., 2011. A constructivist approach to the use of arts-based materials in social work education: Making connections between art and life. *Journal of Teaching in Social Work*, 31, 400–414. doi: 10.1080/08841233.2011.597678.

Knowles, M., Holton, E. and Swanson, R., 2015. *The adult learner: The definitive classic in adult education and human resource development*. London: Routledge.

Kolb, D., 1984. *Experiential learning: Experience as the source of learning and development*. Englewood Cliffs, NJ: Prentice Hall.

Konopik, D. and Cheung, M., 2012. Psychodrama as a social work modality. *Social*

Work, 58 (1), 9–20. doi: 1093/sw/sws054.
McArdle, F., Knight, L. and Stratigos, T., 2013. Imagining social justice. *Contemporary Issues in Early Childhood*, 14 (4), 357–369.
McAuliffe, G., 2000. How counselor education influences future helpers: What students say. In G. McAuliffe and K. Eriksen (eds.), *Preparing counselors and therapists: Creating constructivist and developmental programs.* Virginia Beach, VA: Donning Publishers for the Association for Counselor Education and Supervision, 42–61.
Morrissette, P. and Gadbois, S., 2006. Ethical consideration of counselor education teaching strategies. *Counseling and Values*, 50, 131–141. doi: 10.1002/j.2161-07X.2006.tb00049.x.
Moxley, D., Feen-Callaghan, H. and Washington, O., 2012. Lessons learned from three projects linking social work, the arts, and humanities. *Social Work Education: The International Journal*, 31 (6), 703–723.
Mulder, C. and Dull, A., 2014. Facilitating self-reflection: The integration of photovoice in graduate social work education. *Social Work Education: The International Journal*, 33 (8), 1017–1036.
Murphy, N., 2009. Research supervision: Matches and mismatches. *International Journal of Electrical Engineering Education*, 46 (3), 295–306.
Newsome, D., Henderson, D. and Veach, L., 2005. Using expressive arts in group supervision to enhance awareness and foster cohesion. *The Journal of Humanistic Counselling, Education and Development*, 44 (2), 145–157.
Shor, I., 1992. *Empowering education: Critical teaching for social change.* Chicago, IL: University of Chicago.
Simmons, N. and Daley, S., 2013. The art of thinking: Using collage to stimulate scholarly work. *Canadian Journal for the Scholarship of Teaching and Learning*, 4 (1), 1–11.
Sinding, C. and Barnes, H., eds., 2015. *Social work artfully: Beyond borders and boundaries.* Waterloo, ON: Wilfrid Laurier University Press.
Vaughan, K., 2003. Pieced together: Collage as an artist's method for interdisciplinary research. *International Journal of Qualitative Methods*, 4 (1), 27–52.
Walton, P., 2012. Beyond talk and text: An expressive visual arts method for social work education. *Social Work Education: The International Journal*, 31 (6), 724–741.
Wehbi, S., 2009. Reclaiming our agency in academia: Engaging in the scholarship of teaching in social work. *Social Work Education*, 28 (5), 502–511.

第九章　作为互惠访谈方法的叙事反思

埃维莉娜·海诺
明娜·维斯蒂娜

引　　言

本章聚焦研究方法，通过探讨叙事反思在访谈中的作用，描述和分析使叙事反思成为一种互惠访谈方法的要素。叙事反思是指向受访者陈述、讨论和解释访谈研究的初步结果。许多概念（如成员检查、参与鉴定、线人反馈、应答者验证、适应性、外部效度、适合度等）被用来描述类似的叙事反思方法（Morse et al., 2002）。对我们而言，叙事反思不仅包含向受访者解释，还包括一种与受访者创建共享的解释的叙事方法（Veistilä, 2008；另见 Frank, 2010）。

在研究中，我们侧重叙事反思的互惠要素。互惠是一个广义的概念，它是社会生活的一个重要方面，反映了不同主体互相依赖、彼此成就（参见 Törrönen and Heino, 2013）。主体间的互惠是感激、关心与自我管理的结果，是代代相传、可通过后天学习而获得的道德行为（Neusner and Chilton, 2008：2, 170－171）。当然，在相信“善有所报，恶须抵制，但不能以暴制暴，以及恶行必须补偿”的观念中，我们也可以将互惠视为一种美德。互惠代表着道德观念中重要的部分，同时也是团结社会的力量。互惠的行动不尽相同，回报互惠行为也许需要大量时间（Becker 1990：73）。

互惠是一个包含许多方面的广泛概念，是各方享有平等对待的一种交换行为或制度（Kujala and Daniels-backa, 2015：21）。在本研究中，互惠仅限于访谈语境。我们使用具体例证，从微观层面审查叙事反思中的互惠。在接下来的部分，我们将首先详细描述何为叙事反思，然后着重探讨调查的过程和结果。

社会工作研究中的叙事反思

叙事是社会建构的人类经验(Ricoeur 1984)。根据杰尔姆·布鲁纳(Jerome Bruner, 1987,1996：123)的观点，我们可以将叙事理解为思想和故事。通过叙事，生活得以被描述和阐释，叙事是对生活事件的口头描述。通过分析叙事语言，研究者能够从多个视角去审视个体和家庭的行动及其含义(Squire et al., 2013)。个体进行叙事，但叙述内容并非凭空产生，而是与社会认可的对某些情况下预期行动的反思，以及在特定背景下提倡的价值观有关。因此，人们在叙事的特殊情境下，会使用他们可用的工具和概念(Hänninen, 2000：94－143)。

"反思"这个概念也可以被理解为"想弄明白"。在社会工作领域，反思也是一种一直被用作提升实践的方法。社会工作者可以描述他的感受和想法，然后重新思考他所做出的选择。因此，反思也是一种叙事方式，描述了社会工作者的工作方式，体现了社会工作者的专业性。卡罗琳·泰勒(Carolyn Taylor, 2006：194)认为，专业社会工作者就是通过分析他们工作中的叙事反思来彰显自己的专业身份。雅科·塞库拉(Jaakko Seikkula, 1999：86、91)将反思定义为把内在声音转化为外在声音的过程。因此，现实就建立在参与者主动选择语言且可以达成共识的讨论中。

在21世纪，案主的专长和知识在社会工作实践中得以强化，从而产生了"经验带来专长"这一概念。这一概念依赖于这样一种观念，即案主具有应对困难的个人经验，基于这些经验，他们参与发展社会工作实践(Hyväri and Salo, 2009)。"经验带来专长"在参与式研究中也被证明颇有价值。叙事反思与参与式研究有很多联系。参与式研究的目的是与被研究的个人合作开展研究，将他们视为知识产出过程中的伙伴(Bergold and Thomas, 2012；Russo, 2012)。这种形式的研究包括与专家一起制定计划并开展研究（Törrönen and Vornanen，2014）。一般来说，参与式研究旨在支持那些权力较小的人，以生产大众知识为目标（Hall，2001：17）。根据蒂娜·库克（Tina Cook，2012）的观点，参与式研究可以影响参与者、研究者、研究设计、实践知识、政策和实践本身。

虽然社会工作者越来越重视案主的经验知识，案主的参与在研究中也发挥着越来越重要的作用，但叙事反思还不是社会工作研究中被广泛使用的方法。我们之所以在研究中应用叙事反思，是因为它限制了错误或过度解释的可能性（Creswell，2007）。叙事反思可能带来积极的治疗影响，了解他人对自己生活状况的解释可能会增进自我认识、促使自我反思，并感受到被理解（参见 Colbourne and Sque，2005：551）。平等讨论、听取多种声音，是我们访谈和分析的理想状态，因此，我们最终将叙事反思作为研究方法。

我们承认这种方法并不能消除研究者与受访者之间因种种限制而受到的影响。访谈可以被视为一种体系化的情景，以采访目标为引导，受访者与访谈者承担着特定的角色（Ruusuvuori and Tiittula，2005：23）。例如，受访者相信研究者的观点，并保持礼貌，而不是质疑研究者的解释。在最差的情况下，研究者甚至可以迫使受访者赞同他们的解释，但这可能导致对受访者的剥削，因此，这不被视为一种互惠的行为。

也有可能，在听他们的故事时，被压抑的记忆和情感会出现并影响受访者。一般来说，共同的解释也许会给受访者带来强烈的感情，进而影响他们的思考和行为方式（Lowes and Gill，2006）。作为研究者和合格的社会工作者，我们在制定研究计划时要考虑到此类情况。例如，在访谈过程中，我们不给受访者施加压力，不透露他们不希望透露的细节；对他们的故事表示共情；在受访者想要谈及更多事情与话题时，我们不会严格遵循采访的指示。

研究的实施

在 2012—2013 年，我们俩正一起研究“家庭与孩子赋权”这一课题，一起收集了数据。在这项课题中，我们在芬兰东南部的、具有俄罗斯背景的家庭中开展研究。我们的博士论文研究的重点是如何将福祉与家庭基本服务体验进行整合性构建。我们从芬兰人口登记中心随机抽取了 1 000 个人的邮寄地址，并发送了一份单独的表格和问卷。在问卷中，我们询问收件人是否愿意参与访谈。我们总共联系到了 25 户愿意参与的家庭，并在 2012 年的夏天采访了他们。基于受访者的偏好，研究者有 10 次用俄语进行访谈，有 8 次用芬兰语进行访谈，有 6 次同时使用俄语和芬兰语，有 1 次同时使用俄语和英语。两名以上家庭成员（如受访者的孩子和配偶）在场的访谈有 13 次，只有移民家庭成员在场的访谈有 12 次，祖父母在场的访谈有 3 次，一位家庭成员的朋友在场的访谈有 2 次。

在前 25 次访谈结束后，我们选取了 9 户家庭参与叙事反思。这些家庭在 2013 年又被访谈了一次。接受第二次访谈的家庭必须具有代表性，因此，我们选择了代表不同年龄的、因为不同原因获取居住许可的、不同地区的、在芬兰居住时长不同的家庭。这些访谈持续半小时到两个半小时不等。这两次访谈一共持续了 53. 5 小时，转录数据共计 416 页。

第一次访谈结束后，我们以概要的形式草拟了对 9 户家庭叙事的解释。我们按访谈中出现的不同观点写这些叙事。每篇叙事的标题都是“某家庭关于幸福与服务体系的经历”。受访家庭用芬兰语或俄语读我们的解释。然后，我们与这些家庭展开讨论，并记录了家庭成员对我们的解释的想法。

我们在多个出版物中都使用了这次收集的数据（如 Heino，2016；Veistilä，2016）。在本章中，我们着重从方法论的角度谈一谈收集的数据。我们的研究问题是“叙事反思中的互惠要素有哪些”。

我们关注访谈的结构，以及我们在访谈中不同的互动方式。首先，在对叙事反思进行仔细检视后，我们澄清了访谈研究过程中互惠的多种含义。我们使用内容分析法作为分析工具，引用访谈对话内容来解释互惠的要素。这里的互惠要素是指“在叙事反思中促进研究者与受访者之间互惠的部分”。我们的分析基于仔细研究数据、不断对文本内容进行主题划分，这也是叙事反思的组成部分。然后，我们将这些文本内容分为创建共同的解释、参与、认同三个子主题，我们称之为叙事反思中的互惠要素。最后一个更深入的分析阶段涉及对这三个要素进行更详细的探索。在本章中，受访者的姓名均为化名。

促进互惠的要素

创建共同的解释

在研究者和受访者之间创建共同的解释是叙事反思的第一要素。该要素包括核实个人的详细资料，例如，当我们在第一次访谈中记错了亲戚的姓名或孩子的年龄等细节时，在第二次遇到受访者时，他们会纠正。然而，在许多情况下，我们开始了一次全新的讨论，或者能够更详细地讨论以前审查过的主题。到第二次访谈时，我们重新描述受访者的情况就变成很重要的内容：

埃维莉娜：我们写了你的故事，也就是我们对它的解释。我们想请你阅读并评论它。我们有什么需要补充或修正的吗？

斯坦尼斯拉夫（Stanislav）：嗯，我想更正这个部分，即"我不知道我将如何支付我们的账单和贷款。"我知道怎么处理这件事。这是困难的，但不是不可能的。支付完，我们的生活水平就会下降。我们生活在边缘，我们确实有食物，但是因为钱少了，事情就变得更困难了。

明娜（Minna）：这就是和你再谈一次的原因，这样就不会有误解了。

斯坦尼斯拉夫：针对"当我搬到芬兰时，我不知道该做什么，也不知道该怎么做"这个部分，我知道该怎么做，我知道干什么，因为我来这里是为了工作。当你生活在这个社区里，你必须明白什么是被允许的，什么是不被允许的。起初，我非常小心地生活，环顾四周，看其他人的行为。原则上，一切都是相似的——如果你不做错事，你不会遇到任何问题。

基于最初访谈的叙事，我们只记录了一页内容。这个例子说明一些重要的内容可能被遗漏了，或者我们的解释显得过于直截了当，或者过于简略地呈现受访者的情况。无论哪个研究项目，受访者的情况以何种方式被呈现出来都是很重要的，尤其是在少数群体和移民的研究中。因此，研究者需要彻底确保他们的解释能避免产生歧义（Martikainen，2009：7）。在这种情况下，叙事反思能让研究者思考受访者作为个人和群体的表征。它还让研究者思考芬兰社会的结构框架，并在研究者的解释中清楚地强调这一点。

移民家庭面临的挑战似乎并不只源自他们自身及其文化背景(参见 Malkki, 1995; Ikäläinen et al., 2003)。因此,第二次访谈促使我们能够反思我们对研究中现象的解释和理解。

创建共同解释是为了“查明问题是如何被呈现出来的”。例如,在最初的访谈中,我们向受访者解释将在研究中保护他们的隐私,因此做匿名处理。然而,在叙事反思过程中,出现了关于匿名的问题：

> 埃维莉娜：在我们见面后,我们写下了对你与我们分享的信息的解释。我们从你女儿的角度,用芬兰语和俄语写了这篇文章。如果可以的话,我们希望你们都能读一读。
>
> 明娜：在我们见面后,我们觉得孩子和年轻人的声音必须被更多人听到,这就是为什么我们从她的角度来写总结的原因。然后,我们想知道我们是否完全理解了你的故事。
>
> 埃维莉娜：我们不会就这样发表的,你们的名字也不会出现在这里,我们只是想确保……
>
> 阿泰姆(Artem)：有,在我的叙述中,但我很紧张……我自己也说得太多了。
>
> 明娜：但这就是我们在这里的原因,这样我们就可以在你觉得需要的时候改变细节,因为我们明白情况会改变。
>
> 玛丽亚(Maria)：除了礼物,一切都是真的。我是那种喜欢送礼物的人。
>
> 阿泰姆：这是真的。你必须删除我们的名字。你知道情况吗？这有点危险。
>
> 明娜：是的,当然。我们将删除你的名字,我们也可以改变你的年龄和职业,使你无法被认出来……
>
> 埃维莉娜：我们对一般层面的现象感兴趣。我们的研究通常不会集中在一个特定的家庭,也不会提到您特别说明的这一点。我们不会就这样发表的。我们试图呈现有关福利和服务的一般经验。

在这个例子中,受访家庭对我们对他们处境的解释表示担忧,这种解释对他们来说似乎过于大胆。他们还担心自己的匿名性。在第二次采访期间,我们与他们讨论并反思这些问题,这些问题被证明令受访者感到担忧。有时,匿名处理可能与研究者展示更真实的研究发现相冲突(参见Josselson, 2007: 541－542)。然而,我们发现,共同的理解能够解决这种冲突,即通过删除信息,如他们的家乡,以及改变他们的姓名、年龄和职业来确保受访者的匿名性。

在研究者和受访者对结果的解释达成共识时,互惠性起了重要作用。此外,受访者有机会反思他们自己的生活故事,我们也能够反思我们对结果的解释和理解,以及与我们的研究相关的伦理问题。

参与

当代社会工作理论从伦理和法律角度强调参与的重要性(参见 Payne, 2014)。哈里·希尔(Harry shier, 2006: 17)以一种非常适合受访者参与研究分析的方式定义儿童的参与。根据他的参与路径理论,参与存在三个维度,包括开放、义务和机会:开放的重点是个人是否愿意采取行动;义务侧重于个人可用的资源、工具和方法;机会是指向个人开放的政治和法律可能性(Shier, 2006: 19)。

此外,希尔(2006)确定了参与的五个阶段。在第一阶段,一个人必须"被倾听"。在访谈研究中,这意味着研究者必须准备好倾听受访者所说的话,而不带着自己的假设或意见参加讨论。研究者必须具备倾听的能力,当代的研究政策必须支持研究者倾听受访者的述说。在大多数当代的访谈研究中,情况就是如此。在参与的第二阶段,个人必须"被鼓励表达观点"。目前的采访技术和研究政策主要支持这一阶段。

到第三阶段,受访者的"观点必须被考虑",这是叙事反思发挥作用的地方。我们不仅听取了受访者的意见,而且我们选择的方法也使我们能够支持他们影响研究结果和结论。在这里,参与不仅指受访者在采访过程中扮演的积极角色,也包括他们在分析过程中发挥的作用。叙事反思为受访者详细分析了参与福利服务的可能性。这包括对核心概念的界定:

> 明娜:我们已经确定了关于这个过程的不同的概念,即适应、融入和同化。你认为我们应该谈些什么?

维内拉(Venera)：在我看来，首先是适应，然后是融入。我想有两个阶段。第一阶段是适应。在某种程度上，这包括第一步，即了解周围的环境和人，并适应这里人们的生存和行为方式。当你了解并按照这样的步骤、方式创造自己的生活时，就进入了第二阶段——融入。当你有了关系网、朋友、工作和生活，那么你在某种程度上就回家了。我认为你首先要适应，然后融入……

明娜：不同的家庭是否有不同的阶段？

维内拉：很有可能，从第一步开始，这取决于你遇到什么样的人。

在这里，我们看到研究者对最初访谈中出现的不同概念感兴趣。她向受访者提出了一个开放式问题："你认为我们应该谈些什么？"受访者没有选择，而是提出一个新的想法，其中包括两个不同的阶段。研究者接受了这个想法，并进一步询问不同家庭的阶段是否有差异。同样地，受访者能够从一个新的角度来描述这个概念，即这些阶段如何因为移民家庭的多重关系而不同。在这种方式下，受访者通过界定概念这一方式，参与了这项研究。

作为叙事反思的一个互惠要素，参与还包括利用受访者的专业知识，进一步培养共同兴趣：

明娜：我还在想你儿子在学校被欺凌的事。你认为这类事情应该如何处理，怎样才不会再发生？

约瑟菲娜(Josefina)：作为一名母亲，我会请一位心理学家和一位社会工作者去那些男孩的家里。我会让他们来解决这个问题。如今，孩子因为家庭变得非常残忍，也就是说家庭内部出现了问题。

明娜：听起来很有道理。现在，我认为他们应该做的是把这个被欺负的孩子转移到另一个班级，这本身并不能解决任何问题。

根据上述访谈资料，受访者被要求解决一个她有明确解决方案的问题。研究者通过说"听起来很有道理"来验证这个问题，并提供另一个不太理想的解决方案。这使受访者能够详细地阐述她对家庭行为的思考，以及采取这种行为的原因。此外，这使受访者能够反思一个重要的社会问题。

第四和第五阶段要求研究者让受访者参与决策过程，并让他们分担责任和决策权(Shier, 2006: 17)。作为年轻的学者，我们还没有足够的勇气去挑战传统的实践和政策。然而,这代表了一种有趣的互惠的可能性,我们计划在未来的研究中继续朝这个方向发展。

认同

认同这一概念至少包含主观极和主体极。主观极是使用爱、尊重和欣赏等属性来描述的,即态度。但只有态度是不够的,人们还有主体间互动的需求。这意味着必须以另一个人理解并接受这种态度的方式来表达认同(Honneth, 2001: 115; Ikäheimo, 2003: 127 - 128)。因此,我们认为,认同包括倾听、反思和对研究本身的共同理解。

听取案主的意见是必要的,也是社会工作实践的重要组成部分。通常情况下,在研究过程中,研究者会问受访者一些问题,受访者回答这些问题,然后研究者可能会问一些额外的问题并进行总结。视情况而定,这种访谈方式不一定让受访者感到他们的观点被采纳,因为研究者事后在没有咨询受访者的情况下,就对采访做出了自己的解释。

在运用叙事反思时,这种情景与访谈的实践不同,因为受访者有机会评论研究者对其叙事的解释,以及这些解释所表达的内容。在我们的研究中,这是通过让受访者阅读我们对初次访谈的解释来完成的,让他们有被倾听的经验:

> 明娜:这个(故事)不会出版。当我们听到这个故事时,我们对它有了一个想法。我们想从一个正在写日记的年轻女孩的角度来写。
>
> 维内拉:就像这样!就像这样!就像这样!天啊,就像这样。这个故事讲的是我毕业后取得的一次突破,关于朋友、那段困难的时期、现在、家庭。真的,这太对了。
>
> 明娜:很高兴听到这个消息。这个故事太感人了,我们也想用那样的方式来写。但是,我们也在想,在这种情况下,有什么可以帮助的呢?什么服务可能有用?

在这个例子中,受访者阅读我们的解释后感到很惊讶。她解释了她的反应,说参与这项研究是唯一的机会,能让她回忆和复述与移民、融入有关的情况。她在第一次访谈中感受到了被倾听。她提到,在第二次访谈中,我们的解读帮助她理解了自己的经历。

在讨论了这个故事和她对这个故事的感受之后，我们可以讨论这个故事对旨在支持移民的基本服务的实际影响。把受访者的意见看作专家的意见，缩小了研究者和受访者之间的差距。总的来说，当大多数受访者感到他们的故事受到重视和欢迎时，他们表达了他们的喜悦，因为我们花时间和他们讨论这些经历。

认同的第二部分是反思，包括自我反思的可能性、对一般现象反思的可能性，以及对作为这一现象的一部分的自身经历的反思（参见 Bergold and Thomas，2012）。阅读自己生活中的叙述，使受访者能够反省他们的生活事件和他们所做的选择：

> 斯坦尼斯拉夫：我更想当一名司机。许多人问我为什么不去学习，为什么直接去工作。我没有想太多，大概是几年前我才开始考虑的。我知道这是为了我的家人。我有一个家庭，我必须养活我的孩子和妻子，我没有时间去学习。当我读到这个故事的时候，我又一次想到了这一点。我在这里工作、赚钱。成为一名司机是我的梦想。

许多受访者提到，在讨论中，很多问题是他们已经很长时间没有想到的。因此，叙事反思使自我反思成为可能，并起到了提高认同的作用，因为它使我们的解释变得可见。因此，阅读他们自己的故事，能使受访者反思普遍存在的、更广泛的现象，例如，迁移和融入：

> 明娜：一些受访者认为，在搬到另一个国家的过程中，你必须忘记以前的自我，从一开始就重建自己。在重建完成后，你可以回顾过去。
>
> 维内拉：在某种程度上，你们可以相互比较。那是真的。就我而言，我这么年轻是件好事。所以我像任何一个芬兰年轻人一样处理这些事情。但仍然存在一些困难。

这些访谈中的认同还包括承认移民的意义、社会融入的需求，以及与这些过程相关的情感。第三个认可领域以“受访者和研究者表现出的共同理解”为中心。这样，研究者和他们的工作也得到了受访者的认可：

明娜：如果有一个人来找你，可以提升你在这些服务中的福祉，那会是谁呢？

维克托(Victor)：难道我们不是正在做吗？

明娜：我希望如此。

维克托：我想澄清一下，我相信这项研究。因为，如果没有研究，就没有发展；没有这样的东西，车轮就会停下来。所以，这些事情是紧密联系在一起的。

对这项研究的共同理解可以被解释为相互参照，因为研究者认识到受访者所经历的问题的重要性，受访者则认识到研究者所进行的研究的重要性。

结　　论

本章旨在识别叙事反思中的互惠要素。我们在研究中重点关注访谈的结构，以及我们在访谈过程中与参与者不同的互动方式。互惠要素被定义为在叙事反思中，有利于在研究者和受访者之间形成互惠的部分。这些要素包括创建共同解释、参与和认同。通过这些要素，促进公平的互惠性在三个方面得到了促进(Kujala and Danielsbacka, 2015)。首先，受访者有机会反思我们构建的话语，而我们有机会反思我们对结果的阐释和理解，以及我们研究的伦理问题。受访者不断提到，当阅读我们对最初访谈的解释时，他们感到自己被倾听了，因为他们可以在访谈期间回忆起移民经历和融入当地社区的故事，这对理解和解释他们自己的个人经历很有帮助。其次，在第二次访谈期间的讨论，可以帮助我们反思已有的解释。我们与受访者进行了协商，并形成了对结果的共同理解。受访者有机会影响研究结果。最后，受访者表达了他们对本研究的看法。通过这种方式，受访者认可了研究者及其工作。

本章的主要研究问题集中在叙事反思的互惠要素上。然而，我们还应该认识到使该方法不可逆的局限性和张力。和其他参与式研究一样，叙事反思需要安全的空间和民主的社会，否则，受访者可能无法自由表达意见。

此外，与该方法相关的道德和权力问题，包括如何选择受访者、谁的声音被听到、谁决定讨论什么问题、谁控制研究，以及谁从中受益等，都需要进一步讨论（Bergold and Thomas，2012）。

阿特金森（Atkinson，2001：133）认为，在叙事研究中，研究者和受访者之间的互动和关系极大地影响了叙述的形式和内容。我们发现，情绪因素在访谈中是非常关键的，这表明研究者获得受访者的信任是多么重要。根据我们的经验，研究者在第二次访谈中更容易获得受访者的信任，因为双方都彼此熟悉，知道会发生什么，并且能够更公开地表达自己。在传统的研究环境中，访谈是制度化的，研究者和受访者承担着特定的角色（Ruusuvouri，2010：269）。而通过叙事反思，我们发现制度化的既定角色有可能发生改变，受访者有更多的机会在讨论中贡献自己的专业知识。

综上所述，鉴于叙事反思这种方法具有建构主义性质，我们可以将其用在不同的定性研究领域。然而，我们明白，研究的目标很少是在研究者和受访者之间建立对解释的某种共同理解或共识；相反，研究往往试图描述、理解和分析不同的现象。在研究者和受访者的价值观或兴趣完全不同的情况下，叙事反思仍然允许研究者对受访者的叙事进行仔细审查。在第二次访谈中，研究者可能会提出比初次访谈更详细的问题，并可能会寻找不同观点之间的相似之处和差异。在我们的研究中，我们完成了后续访谈，只与受访者讨论了一次我们的理解。反过来，受访者从总体上对我们的解释进行了评论和纠正。在未来，我们希望对叙事反思进行更进一步的研究，然后在研究的后期再次与受访者讨论我们是如何理解的。

参考文献

Atkinson, R., 2001. The Life Story Interview. *In:* J.F. Gubrium and J.A. Holstein, eds. *Handbook of Interview Research. Context and Method.* California: Sage, 121–140.

Becker, L.C., 1990. *Reciprocity.* London: Routledge and Kegan Paul.

Bergold, J., and Thomas, S. 2012. Participatory research methods: A methodological approach in motion. *Historical Social Research*, 37(4), 191–222.

Bruner, J., 1987. Life as a narrative. *Social Research*, 54 (1), 11–32.

Bruner, J., 1996. *The Culture of Education*. Cambridge: Harvard University Press.

Colbourne, L., and Sque, M., 2005. The culture of cancer and the therapeutic impact of qualitative research interviews. *Journal of Research in Nursing*, 10 (5), 551–567.
Cook, T., 2012. Where participatory approaches meet pragmatism in funded (health) research: The challenge of finding meaningful spaces. *Forum: Qualitative Social Research*, 13 (1), Art. 18. Available from: http://nbn-resolving.de/urn:nbn:de:0114-fqs1201187 [Accessed 8 June 2017].
Creswell, J.W., 2007. *Qualitative inquiry and research design: Choosing among five traditions*. 2nd ed. California: Sage.
Finnish Constitution 731/1999.
Frank, A.W., 2010. *Letting Stories Breathe. A Socio-narratology*. Chicago and London: The University of Chicago Press.
Hall, B.L., 2001. I wish this were a poem of practices of participatory research. *Handbook of action research. Participative inquiry and practice*. London: Sage, 171–178.
Heino, E., 2016. Ymmärrystä ja tukea – kohtaamattomuutta ja vääryyttä. Venäläistaustaisten perheiden institutionaalisen luottamuksen ja epäluottamuksen rakentuminen suomalaisia peruspalveluita kohtaan. *Yhteiskuntapolitiikka*, 81 (2), 127–137.
Honneth, A., 2001. Invisibility: On the epistemology of "recognition". *The Aristotelian Society Supplementary*, 75 (1), 111–126.
Hyväri, S., and Salo, M., 2009. *Elämäntarinoista kokemustutkimukseen*. Helsinki: Mielenterveyden keskusliitto.
Hänninen, V., 2000. *Sisäinen tarina, elämä ja muutos*. Tampere: Tampereen yliopisto.
Ikäheimo, H., 2003. Tunnustus, subjektiviteetti ja inhimillinen elämänmuoto. Tutkimuksia Hegelistä ja persoonien välisistä tunnustussuhteista. Thesis (PhD). University of Jyväskylä.
Ikäläinen, S., Martiskainen, T., and Törrönen, M., 2003. *Mangopuun juurelta kuusen katveeseen*. Helsinki: Lastensuojelun keskusliitto.
Josselson, R., 2007. Narrative research and the challenge of accumulating knowledge. *Narrative Inquiry*, 16 (1), 3–10.
Kujala, A., and Danielsbacka, M., 2015. Johdanto: Vallanpitäjien ja kansan keskinäiset velvollisuudet. *In:* A. Kujala and M. Danielsbacka, eds. *Hyvinvointivaltion loppu? Vallanpitäjät, kansa ja vastavuoroisuus*. Helsinki: Tammi, 11–23.
Lowes, L., and Gill, P., 2006. Participants' experiences of being interviewed about an emotive topic. *Journal of Advanced Nursing*, 55 (5), 587–595.
Malkki, L., 1995. *Purity and Exile: Violence, Memory, and National Cosmology among Hutu Refugees in Tanzania*. Thesis (PhD). University of Chicago.
Martikainen, T., 2009. Eettisiä kysymyksiä maahanmuuttotutkimuksessa. *Elore, Suomen Kansantietouden Tutkijain Seura ry*, 16 (2), 1–7.
Morse, J. *et al.*, 2002. Verification strategies for establishing reliability and validity in qualitative research. *International Journal of Qualitative Methods*, 1 (2), 1–19.
Neusner, J., and Chilton, B.D., 2008. *The Golden Rule. The Ethics of Reciprocity in World Religions*. Great Britain: Cromwell Press Ltd.
Payne, M., 2014. *Modern Social Work Theory*. London: Palgrave Macmillan.
Ricoeur, P., 1984. *Time and Narrative, Volume 1*. Chicago: The University of Chicago Press.
Russo, J., 2012. Survivor-controlled research: A new foundation for thinking about psychiatry and mental health. *Forum: Qualitative Social Research*, 13 (1), Art. 8.

Available from: http://www.qualitative-research.net/index.php/fqs/article/view/1790 [Accessed 8 June 2017].

Ruusuvuori, J., 2010. Vuorovaikutus ja valta haastattelussa – Keskusteluanalyyttinen näkökulma. *In*: J. Ruusuvuori, P. Nikander and M. Hyvärinen, eds. *Hastattelun analyysi*. Tampere: Vastapaino.

Ruusuvuori, J., and Tiittula, L., 2005. Tutkimushaastattelu ja vuorovaikutus. *In:* J. Ruusuvuori and L. Tiittula, eds. *Haastattelu. Tutkimus, tilanteet ja vuorovaikutus*. Tampere: Vastapaino, 22–56.

Seikkula, J., 1999. Reflektiivinen tiimi ja avoin dialogi - kun itse keskustelu tulee tärkeimmäksi. *In:* J. Aaltonen and R. Rinne, eds. *Perhe terapiassa. Vuoropuhelua vuosituhannen vaihtuessa*. Jyväskylä: Suomen Mielenterveysseuran Koulutuskeskus, 84–94.

Shier, H., 2006. *Pathways to Participation Revisited: Nicaragua Perspective*. Available from: http://www.harryshier.net/docs/Shier-Pathways_to_Participation_Revisited_NZ2006.pdf [Accessed 9 January 2016].

Squire, C., Andrews, M., and Tamboukou, M., 2013. Introduction: What is narrative research? *In:* M. Andrews, C. Squire and M. Tamboukou, eds. *Doing Narrative Research*. London: Sage Publications Ltd.

Taylor, C., 2006. Narrating significant experience: Reflective accounts and the production of (self) knowledge. *British Journal of Social Work*, 36, 189–206.

Törrönen, M., and Heino, E., 2013. Vastavuoroisuus sosiaalityössä. *In*: E. Heino, M. Veistilä, P. Hännikkäinen, T. Vauhkonen, and N. Kärmeniemi, eds. *Vastavuoroiset ja voimaantumista tukevat käytännöt perhetyön kehittämisessä*. Kotka: Koulutus- ja kehittämiskeskus Palmenia, 15–20.

Törrönen, M., and Vornanen, R., 2014. Young people leaving care: Participatory research to improve child welfare practices and the rights of children and young people. *Australian Social Work*, 67 (1), 135–150.

Veistilä, M., 2008. *Päihteitä käyttäneet äidit, heidän lapsensa ja lastensuojelu. Kertomuksia ja reflektioita*. Julkaisuja 2. Lahti: Päijät-Hämeen ja Itä-Uudenmaan sosiaalialan osaamiskeskus Verso.

Veistilä, M., 2016. *Muutosta hyvinvointiin. Tutkimus venäläistaustaisten lapsiperheiden sosiaalisen hyvinvoinnin rakentamisesta integraatioprosesseissa*. Kymenlaakson ammattikorkeakoulun julkaisuja. Sarja A. Nro 75.

第十章　一项聚焦校园欺凌的参与式行动研究

尼娅姆·奥布莱恩
蒂娜·穆莱斯
卡罗尔·芒恩·吉丁斯

引　　言

本章重点介绍五名青少年研究者和一名成年人研究者积极参与的参与式行动研究（Participatory Action Research，简称 PAR）项目，探讨校园欺凌问题。这项研究在英格兰东部的一所独立日间寄宿制中学开展。在研究过程中，青少年研究者和成年人研究者（奥布莱恩）建立起了互惠关系。这种互惠关系的特殊之处在于权力问题和成员对彼此在研究过程中的独特贡献的肯定。青少年研究者是在八年级（12 岁）到十年级（14 岁）的学生中自选自荐的，他们自称“为你研究”（Research for You，R4U），口号是“探索没有恐惧的生活”。奥布莱恩和这些青少年研究者组成了一个研究团队，开发了面向全校（包括老师和家长在内）的研究方法，共同分析数据并展示宣传成果。

在研究过程中，研究者对参与过程进行了三次评估。每次评估结束后就进入下一阶段，以深入彻底地评估参与的发展过程和建立的关系结果。本章将首先对有关研究过程中发展与儿童和青少年[①]关系的文献进行探讨。

---

① 在本章，“儿童和青少年”“儿童”“青少年”交替使用，均指不满 18 岁的人。

在研究过程中发展与儿童和青少年的关系

通常情况下，作为“专家”的成年人掌握着关于儿童和青少年的研究内容，以及如何收集数据、分析数据的权利（Woodhead and Faulkner, 2008）。因此，传统意义上的儿童研究都是在专业、政策和学术的框架下进行的，很少从儿童本身出发。但是，这种观念正在改变。近年来，儿童被看作在与他们息息相关的领域充满活力的研究者，他们既能进行独立研究（参见 Kellett et al., 2004），又能进行合作研究（参见 Stoudt, 2009），甚至有时还是研究专员（参见 O'Brien and Moules, 2013）。这种变化是将儿童看作与成年人一般的个体，而不将两者区别对待。给儿童一个参与知识生产的机会，他们将会帮助成年人理解并理论化这个由他们统治的社会世界（James, 2007）。

这样进步的关系当然不是没有限制的，成年人研究者需要清楚地了解自己和儿童之间的权力问题（James, 2007; Mannion, 2009）。有人指出，纠正权力失衡的一种方法是让成年人和儿童借助“代际和人际对话”来探讨研究空间（Mannion, 2009：338）。如果要提高学生研究者参与的效率，就需要建立一种能实现成年人和学生沟通交流，并允许他们相互倾听、学习的机制（Bragg and Fielding, 2005）。这不只是合作，还是一种联合领导，是对什么是老师、什么是学生的理解的转变。对团队中的儿童和成年人而言，他们建立起了互助的关系，这种关系也在他们努力欣赏彼此的独特作用时逐渐紧密（Fielding, 2004; Mannion, 2009）。在一个由青少年作为合作研究者参与的项目的每一个阶段都设置反思和行动周期，可以帮助团队挑战一些横亘于成年人和儿童之间的基本权力问题，即便是以一种非正式的方式进行也有成效（O'Brien and Moules, 2007）。随着项目的开展，改变一步步发生，青少年研究者参与了到成年人的决策之中。

尽管也强调根据儿童的条件开展合作，但是玛丽·凯利特（Mary Kellet, 2010）主张倾听儿童的想法不等于将儿童纳入决策过程中。格雷格·曼尼恩（Greg Mannion, 2007）提出，让儿童参与决策并积极听取他们的意见是对研究很有帮助的一个出发点。但传统上，成年人往往在缺少儿童参与的情况下就做出了研究决定。蕾切尔·福克斯(Rachael Fox, 2013)讨论了学术机构通常不了解怎样让儿童积极参与研究的情况,以及导致他们参与困难化的制约因素。曼尼恩(2007,2009)和凯利特(2010)认为,倾听取决于成年人在研究过程中放弃对做决策的控制权,如果没能做到这一点,学生就是在依赖成年人来发表观点。当然,儿童也对成年人提出了批评,因为他们没有就自己的观点怎样影响了决策给予反馈(Davey, 2010)。菲尔丁(Fielding, 2014)进一步明确,如果只要求学生参与咨询或研究,而这些咨询或研究的议程和问题是由教师设置的,与学生无关,那么学生很可能会感觉自己格格不入,被敷衍地对待,自然也不会有参与研究的意愿。如果要让研究有意义或者成功,学生和老师就需要在过程中作为积极的伙伴来共事(Fielding, 2004: 307)。

因此,需要邀请儿童加入成年人的交流中,一起讨论他们如何参与,以及成年人如何促进他们参与的问题(Fitzgerald et al., 2009; Mannion, 2009)。参与更多是一个民主的过程,人们齐心协力做出决策和改变,而不只是有话语权(Percy-Smith, 2015)。从本质上讲,儿童参与的主要组成部分就是成年人与儿童的关系质量,以及他们积极合作的程度(Fielding, 2004; Percy-Smith, 2015)。

评估儿童在研究中的参与程度

若要使致力于倾听儿童声音的研究取得成功,研究者就需要采用一些既不敷衍也不排斥儿童的方法(Kellett et al., 2004)。蕾切尔·欣顿(Rachel Hinton, 2008)表示,英国的研究者特别重视儿童研究中数据的信度和效度问题。对定性研究而言,研究质量的评价标准就是可信度。对研究过程加以评估,是确保研究真正以儿童为中心,并关注儿童从自身角度向成人表达的一种方法。这反过来又增强了研究的可信度。评估儿童的参与程度不是针对操作正确性和目标达成情况的测试,而是对研究过程的批判反思与总结学习(Percy-Smith and Malone, 2001; Sinclair, 2004; Davey, 2010)。通过这种方式,儿童就可以参与研究了(Percy-Smith and Malone, 2001)。

参与式行动研究与倾听儿童的声音

参与式方法特别适合用于儿童研究，参与式行动研究已被证明在明确儿童观点和推动儿童在研究过程中直接参与两个方面十分有效。克莱尔·奥凯恩（O'Kane, 2008: 151）认为，社会研究者应"直面挑战，为创造让儿童和青少年可以被倾听的空间发挥重要作用。参与式方法可以帮助这一任务完成。"

参与式研究的过程使这种方法在儿童身上获得了成功，包括对持续的信息共享、反思和行动的承诺（Winter and Munn-Giddings, 2001; O'Kane, 2008）。

本研究遵循了参与式行动研究的三个阶段，每个阶段都包括计划、行动、观察和反思这样一系列的过程，形成了修订后的行动计划（Kemmis and McTaggart, 1988）。三个阶段前后相连。第一阶段由奥布莱恩发起，探索校园欺凌的定义，以及学校对此的理解。研究团队采用线上填写问卷和焦点小组来收集数据。问卷的发放方式，以及填写的时间、地点等均由整个研究团队共同决定。在第一阶段的数据分析完成之后，研究团队启动研究的第二阶段，探索参与者怎样界定欺凌的"严重"与否，以及一个对在校生而言很重要的话题——"举报"。此外，研究团队还采用纸质问卷和由学生主导的访谈来收集数据。第三阶段的重点则是项目的实际"行动"：起草一份反欺凌政策草案。塔哈（Taha）、哈尼克（Hanik）、帕特里克（Patrick）、埃米（Amy）和霍普（Hope）是"为你研究"的部分成员。项目在每个阶段都会对青少年研究者进行培训，有关培训的细节详见后文。

随着项目开展，实施评估使我们能够弄清楚"为你研究"对他们参与的看法，并做出必要的改进来增强这一体验。参与的机会理应是包容的，这意味着系统内部调整的目的是接纳儿童的参与，而非整合，即期待儿童的参与以预先安排好的方式进行（Percy-Smith and Malone, 2001）。这三次评估的前提是参与已经发生（Moules and O'Brien, 2012）。这些评估分别于项目进行 6 个月、18 个月和 36 个月后进行，以评估研究团队中每位成员的参与程度，并在项目继续推进前解决一切潜在问题。做出评估决定的人是本章的第一作者奥布莱恩。

评估参与程度

第一轮评估

第一阶段过半时,第一轮评估开始进行。这一阶段的工作包括向全体学生、家长、教职工发放问卷,并在学生中开展焦点小组。此时,团队已经接受了一部分培训,接受了伦理审批,确定了数据收集方法并开展了试点研究。“为你研究”被要求在一个连续范围内标出自己的参与度,范围的最左侧为完全参与,最右侧为完全没有参与。他们还被问到了如何看待自己的参与等问题,反思性对话使他们能够讨论参与过程。

这次简短的评估有一个明显的问题,就是如果“为你研究”没有参加全部的会议或在团队决策时不在场,他们就会认为自己没有参与。因此,“为你研究”需要和奥布莱恩一起重新考虑参与对团队的意义,以及参与项目时每个成员的期待。对参与式研究而言,真正重要的是会议的质量而不是会议的数量(McIntyre, 2008)。研究团队同意成员按照自己的方式参与,并承认有时不是每个成员都能参与,这对项目乃至他们自己的满意度都是至关重要的。

当小组做出一致的决定(如设计问卷)时,这一点很明显。奥布莱恩向“为你研究”提供了一份样本问卷,该问卷由她在同一时期合作的另一个青少年研究团队设计。但“为你研究”并不喜欢它。哈尼克说它“太长了。”

团队决定,他们自己的问卷要简洁明了、直扣主题。帕特里克指出:“我们不想问那些与课题不相关的问题,我觉得这份问卷真的问太多了。”

“为你研究”很明白,“直击要害”的问卷才是他们真正想要的。他们认为,学生不会愿意去完成一份冗长、枯燥的问卷。奥布莱恩的假设是,因为问卷的作者是另一群青少年而非成年人,所以“为你研究”可能会比较喜欢和接受它。但事实恰恰相反,这印证了由一群青少年设计的工具实际上并不一定会得到另一群青少年的青睐。此外,这个过程也表明“为你研究”觉得自己可以表达对现在应用的方法的担忧,而不会只因为提供者是成年人就选择接受。这之后，研究团队根据本项目的实际情况，专门设计了用于本项目数据收集的问卷。

有时团队做出的决定并不符合所有成员的愿望。比如，塔哈坚决反对在问卷中询问参与者的种族背景。在英国，整理年龄、性别、种族等数据属于一种常规研究。在尊重塔哈反对立场的基础上，我们共同讨论了参与者的种族背景可能对研究潜在的影响，并明确，考虑到学校内复杂的种族构成，数据可能会揭示一些有关欺凌和参与者的特定族群的信息。团队一方面认为这可能会对研究结果产生影响，另一方面又需要照顾到塔哈的感受。在我们讨论构建这个问题的最佳方式时，萨拉（Sarah，一位之后离开团队的青少年研究者）提议："为什么我们不用学校的名册呢？"团队采纳了她的建议。事实上，我们在每个阶段收集到的数据都没能显露出任何与种族有关的发现。此外，在第二阶段，相当一部分参与者并没有回答有关种族背景的问题。

这种例子证明了佩尔佩图阿·柯比等（Perpetua Kirby et al., 2003）的观点，参与不是只加入和出席，而是要对决策和行为产生一定影响。让"为你研究"明白自己在项目中的作用被人重视，对项目开展极其重要。同等重要的是，他们也明白集体决策的目的是增强研究的严谨度和可信度，而不是要全体成员达成共识。当青少年获得了根据个人条件自由参与的空间，他们可能会更频繁地参加会议，也更积极地在研究的其他方面发光发热（O'Kane, 2008）。因此，这次简短的评估强调了为"为你研究"提供有意义的机会来参与决策的重要性。

评估人员得出的结论是，参与决策和行动不只是最终的结果。决策是包括产生想法、讨论想法和达成集体行动共识在内的过程。它还包括在一个安全的环境内，自由地提出观点和自由地赞成或反对。从第一轮评估中学到的内容将被用于第二轮评估中，以了解"为你研究"如何看待他们对决策的贡献，以及他们的个人贡献如何影响所做的决定。

第二轮评估

第二轮评估使用双轴参与模型（Moules and O'Brien, 2012）来评估 18

个月的参与情况。这时,我们正准备收集第二阶段的数据。双轴参与模型同时关注参与的两个维度:“决策”“发起和指导”。随着项目的开展,两个维度的平衡既可能倾向于青少年,又可能倾向于成年人。模型将两个维度置于两个独立的连续范围中(如图10-1所示)。

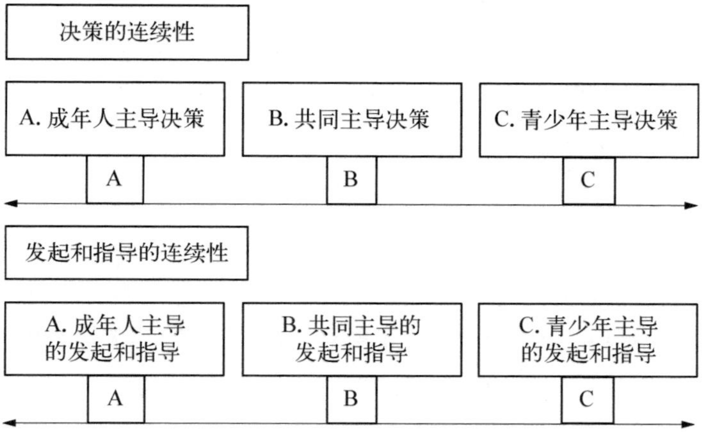

图10-1　参与的两个维度(Moules and O'Brien, 2012)

第二轮评估虽然使用了该模型,但侧重于“决策”“控制和指导”(而不是“发起和指导”),在考虑评估结论时,它还将谁有“想法”作为更进一步的维度。现阶段已有六个关于这个过程的问题,“为你研究”被要求沿着每个问题的三个连续部分绘制他们的参与程度。所有问题都要求“为你研究”考虑过程中的各个方面,如数据收集、数据分析等方面,并去发现“成年人主导”“青少年主导”或“共享主导”的权力平衡关系在哪里。

全部成员都表达了对参与的看法后,我们进行了对话。明显看出,成员对参与的理解各有不同。比如,塔哈认为大多数情况下的决定和想法来自“为你研究”,而成年人控制和指导活动:“我感觉我对每个环节都有一致的影响力。”

哈尼克则认为大多数活动由“为你研究”和成年人共同主导,或只由“为你研究”主导,他说:“因为我参加了每次会议,所以我几乎了解每个方面。”

帕特里克指出,“决策”“想法”“控制和指导”这些维度在不同的情境中都会变化，“这取决于我们正在做什么和谁在做”。

这项研究的伦理和价值基础承认通过人际关系与合作来共同构建知识，因此，任何看法都不分对错。“为你研究”认为，大多数环节的想法都由青少年研究者产生，而成年人进行控制和指导，决策则是共同主导的。考虑到团队成员所掌握的内部信息和团队建设，以及与成年人（通过游戏）开展合作的需要，“为你研究”的想法对数据收集和分析有着重要的意义。在“为你研究”看来，奥布莱恩在必要情况下发挥了主导作用，但整个团队却在权力和参与程度反复变化的过程中建立起了一种伙伴关系。其他研究者也已经发现了这种随着任务变化而变化的参与感，如“马赛克”（Tritter and McCallum, 2006）和“万花筒”（White et al., 1994）。

在决定第二阶段的研究主题时，我们观察到了成年人和青少年研究者之间，以及青少年研究者内部的权力转移。比如，帕特里克认为真正的决策者是哈尼克和塔哈，而非成年人或者青少年整体。露丝·辛克莱（Ruth Sinclair, 2004）提出，在任何参与式活动中，儿童和成年人间都存在权力失衡；穆莱斯和奥布莱恩（2012）则认为，权力是可以共享的。第二轮评估结果表明，无论是成年人还是青少年，都没有在全部的领域实现主导；相反，权力是在他们之间共享的。与穆莱斯和奥布莱恩（2012）的研究类似，第二轮评估结果表明参与是流动的，成年人和儿童在参与过程中可以建立伙伴关系。这与线性参与模型对立，线性模式暗示只有儿童主导项目时，才能实现完全参与。

对于这个项目来说，关注学校的学生通过研究告诉我们的事情是至关重要的。然而，了解“为你研究”如何理解他们自己的参与，以及给予他们机会表达他们想要做出的改变也是很重要的。“为你研究”十分希望在培训中增加更多的游戏。霍普说道：“大量的学校工作有时很无聊，我们想要更丰富的活动。”

这个要求导致游戏作为学习工具在第二阶段被重新引入，让“为你研究”可以在快乐中学习，并根据个体情况而非在成年人的主导下参与（Randall, 2012; Raffety 2015; Percy-Smith 2015）。邓肯·兰德尔（Duncan Randall, 2012）认为，游戏或艺术方法的使用鼓励成年人加入儿童的游戏，而不是考虑方法上的优势。这些方法可以促进成年人和儿童之间的关系和信任的发展(Randall, 2012)。

两轮评估都重点关注青少年研究者的参与,并遵循参与式行动研究的框架,将计划、行动、观察和反思都考虑在内。研究据此不断地调整,以加强“为你研究”的体验。此外,我们不可以忽略成年人研究者的作用。就像曼尼恩(2007: 414)认为的:“仅倾听儿童声音的研究课题不足以让我们更好地理解这个对成年人同等重要的过程。”

研究过程使奥布莱恩能够对项目中参与的各种维度加以考量。根据第二轮评估,研究得出了以下三个结论:

第一,团队成员对参与的看法各不相同;

第二,成年人和青少年之间、青少年和青少年之间发生了明显的权力转移;

第三,通过连续评估,人们能够就参与情况进行讨论。

第三轮评估

第三轮评估,即最后一轮评估,基于成年人对参与过程的理解。奥布莱恩使用了第二轮评估中的连续评估这一概念,并描述了她自己参与整个项目的感受。

奥布莱恩认为,她有时会主导想法、决策和指导,其他时候则由“为你研究”主导或共同主导。奥布莱恩和“为你研究”就这一看法进行讨论,他们认为大多数情况确实如此,但是对少数情况持反对意见。塔哈认为:“我想在伦理上这是完美的,这可能是你想要告诉我们的。考虑到你必须要做的事,这对你比对我们更重要。”

哈尼克觉得奥布莱恩发挥的作用比她认为的要大:“我认为不只是我们,你也参与了访谈。”

与此同时,埃米认为“为你研究”在某种情况下发挥了比奥布莱恩认为的更大的作用:“我同意这一点,但我认为第一次焦点小组是我们共同开展的,而不只是你一个人。”

“为你研究”认为他们可以拒绝接受奥布莱恩的观点。实际上,根据活动的情境，“为你研究”和奥布莱恩的知识贡献情况在成年人主导、青少年主导和共同主导的连续体上来回移动。在项目初期，成年人主导培训、数据收集和分析的现象十分明显。比如，在项目开始的几个月里，奥布莱恩认为在提供培训和确保所有团队成员对这个过程感到满意方面，大部分控制权和想法都掌握在她身上。尽管如此，“为你研究”成员从一开始就积极参与了决策。我们一起就会议的时间和次数，以及如何开始收集数据早就做了决定。

有时，奥布莱恩有必要对决策过程加以控制，下文申请伦理许可的过程就是一个示例。福克斯(2013)批评参与式研究中的伦理许可审查机制。她认为伦理规范常常与社会行动者所秉持的儿童理论基础不匹配，因此它很少允许成年人研究者在研究过程中和青少年研究者一起制定课题指南(topic guide)。多数情况下，伦理委员会都更希望成年人研究者在研究开始前就设计好包括课题指南在内的各种工具(Fox, 2013)。但在这个项目中，并非如此。每一阶段开始前，团队都会向大学伦理委员会递交申请，但由于我们的工具尚未完全设计好，只能等最终版本确定后，才能提交申请，再由主席进行批准。第一阶段里，“为你研究”已经了解了伦理审核过程，但他们同样很高兴奥布莱恩能带头。第二阶段则不同，“为你研究”对伦理审批流程有了更多的了解，因此有助于申请。

奥布莱恩认为，第一阶段的数据分析由成年人主导。她在数据的解释分析中发挥了作用，让团队在整理参与者的集体叙事时，也没有遗漏他们的个人故事。这一阶段的数据分析对“为你研究”起到了一种培训作用，目的是让他们可以在第二轮中更深入地参与数据分析。“为你研究”则认为，在大多数情况下，第一和第二阶段的数据分析都是由成年人和青少年共同主导的。有趣的是，“为你研究”对权力失衡这一问题有不同的看法，但这可能是因为成年人和青少年的互惠关系并没有被他们视为常规。事实上，“为你研究”在一篇未发表的论文中写道：“我们希望在未来，研究者都能以尼娅姆为榜样，为学生提供机会，以开展他们自己的研究。”

根据研究团队提供的数据，从研究开始的成年人视角到与“为你研究”建立起合作伙伴关系，项目的权力维度发生了改变。很多时候，对访谈记录等数据的分析是建立在成年人的意识形态和假设之上的(Woodhead and Faulkner, 2008)。但在这个项目中,儿童的声音才是核心,在数据收集和分析中都有重要价值。“为你研究”对学校的实际环境和欺凌情况更了解,因此,利用内部信息可以让“为你研究”以一种与奥布莱恩不同的角度来理解数据。借助参与式行动研究的过程,研究团队能够兼顾我们自己的思想假设与参与者的观点,共同进行意义的建构(Thomson and Gunter, 2009)。

参与式过程的一个重要因素是为青少年研究者提供多种机会,使其积极参与决策。此外,建立关系和意识到成年人在这一过程中发挥的作用也同样重要。第三轮评估允许青少年对成年人在参与式过程中发挥的作用进行反思,并在对话交流中让青少年重新审视他们作为一个整体是如何参与到项目中的。奥布莱恩逐渐意识到,项目的目的并不是给“为你研究”提供机会,以便让他们在没有成年人参与的情况下做出决定,而是要和这些青少年发展合作关系,从而一起进行重要的知识生产工作。这意味着,我们要承认项目中成年人的同等重要性。曼尼恩(2007)探讨了研究中成年人和儿童的关系问题,指出成年人在青少年参与方面是不可能被“排除”的。

讨　　论

三轮评估表明,参与是复杂多样的。在本项目中,参与被观察到有以下特征:

- 决策比最终结果重要;
- 成年人在这个过程中扮演积极角色;
- 青少年研究者做出了突出贡献。

决策比最终结果重要

第一轮评估推断,如果做决策时“为你研究”不在场,他们就不认为自己在这个决策中发挥了积极的作用。随着项目的开展,“为你研究”逐渐认识到自己的想法与观点是怎样和奥布莱恩的想法与观点一起融入决策过程中的。此外,他们还对如何改进研究过程提出了自己的看法。因为奥布莱恩积极地倾听他们的发言，并对他们的想法进行了反馈，所以青少年研究者便觉得成年人自愿放弃了一部分权力并和他们开展合作，这也在其他研究中得到了验证（Kirby et al., 2003; Bragg and Fielding, 2005）。此外，在观点、意见和研究结果如何影响整体决策的问题上，“为你研究”和参与的学生都表现出了诚实的态度（Sinclair, 2004）。评估展示了成年人和儿童怎样在承认潜在权力问题的情况下，以一种平等的工作关系来协商并进行知识生产的过程。如菲尔丁（2004）和兰德尔（Randall, 2012）所言，当儿童发现自己的看法没有被认真对待或付诸行动时，他们很可能会拒绝参与。因此，这种模式其实有着重要的作用。所以，曼尼恩（2009）和兰德尔（2012）认为，成年人与儿童通过沟通来互相表达对贡献的重视，这会对如何理解参与式研究结果产生影响。当然，这也会对成年人和青少年研究者的关系质量产生影响。

成年人在这个过程中扮演积极角色

研究建议，成年人应该考虑如何与儿童和青少年合作，共同构建研究空间和更普遍的儿童空间（Fielding, 2004; Mannion, 2007）。这种关系是决定哪些儿童能被倾听、儿童能讨论哪些想法、这一过程会给成年人和儿童的关系带来怎样的改变等问题的关键（Mannion, 2007; Fitzgerald et al., 2009）。

在本项目中，研究团队在很多方面都依赖于成年人。首先，“为你研究”需要奥布莱恩在一开始推动参与式过程并指导研究。其次，整个团队都要依靠其他成年人（如家长和老师），并在学校的支持下收集数据。成年人和青少年的关系受到多次考验。在第一阶段，虽然研究者把问卷发给了老师和家长，但是很多人都没有完成。这导致了数据缺失，研究团队对此感到十分沮丧。我们希望能收集到每一位相关人员的想法，因此我们希望能听到成年人的声音，他们在我们眼里和学生一样重要。这种认识让研究团队在尊重成年人意愿的前提下，继续劝说他们参与第二轮的研究。其实，随着青少年采取措施，成年人可以根据自己的意愿参与，此时双方的角色就互换了。

儿童参与自己的研究这一过程不一定能加强儿童的自主权，也不一定能解决成年人和儿童之间的权力失衡问题（Mannion，2007；Raffety，2015）。研究者要承认成年人和儿童之间存在权力失衡问题（Raffety，2015）。在本研究中，这种失衡在一开始就得到了认识：奥布莱恩是和青少年一起工作的成年人，因此她被视作权威人物。项目开始时，"为你研究"坚持要将奥布莱恩称为"奥布莱恩夫人"而非"尼娅姆"。她向他们解释说，她在这里的身份并不是一名老师，而是一起研究的伙伴，"奥布莱恩夫人"这个称呼会将她置于一个领导的位置。这样，他们才很不情愿地叫她的名字。很明显，一些成员起初很不适应这个称呼，比如，哈尼克在提到学校管理者的时候说道："如果他们知道了我们没有用尊称，肯定会很不高兴。"

到项目结束的时候，"为你研究"对奥布莱恩的看法有了改变。一次会议上，我们讨论了应该如何看待奥布莱恩在研究中扮演的包括教师在内的各种角色。哈尼克说："你其实不太像是一名老师。因为我们是互相学习的，而和老师相处一般都是单向的。"

此外，"为你研究"也反思自己在项目中作为积极研究者的角色，思考在没有成年人在场的情况下，同龄人访谈的价值。埃米说道："因为我们年纪相仿，有些事情是他们（指学生参与者）只会告诉我们而不会跟成年人讲的。"帕特里克说道："他们感到更自在，就好像自己并没有使任何人陷入麻烦一样。"

通过不断地反思和评估，团队知道了自己的观点和想法是怎样注入整个研究过程中的，以及他们是怎样按照自己的意志而非成年人的指示来参与的（Randall，2012；Raffety，2015；Percy-Smith，2015）。实际上，"为你研究"开始理解团队中每一位成员在项目中的独特作用。菲尔丁（2004）和曼尼恩（2015）认为，成年人研究者和青少年研究者的关系是相互依存的，这种关系还会在对彼此角色的理解中得到发展。塔哈也看到了这一点，他认为研究团队就像一支板球队：

> 就好比我们是一支板球队，有 11 名球员和 1 名教练。教练支持球员，但是真正参加比赛的还是球员。如果想要在比赛中获胜，就需要团队中的所有人齐心协力。你就像那名教练，而我们是球员。
>
> （塔哈）

诚然，有研究认为儿童研究的局限性就是依赖与成年人合作，并需要靠成年人来推动变革(Kallett, 2010)。但是，随着项目的发展，“为你研究”看到了成年人不同的角色，他们不是指导者或者老师，而是和自己做出了同样贡献的成员。这在最大限度上减少了成年人和青少年的社会差异(Randall, 2012; Raffety, 2015)。

青少年研究者做出了突出贡献

尽管有些研究者提出了让儿童加入参与式活动的好处(Kellett, 2010)，但珀西-史密斯(Percy-Smith, 2015: 3)觉得这些改变对“社会中儿童和青少年的地位”的影响有限。本项目的一个关键环节就是要发起一个行动，让工作在研究结束之后得以继续。这便是我们起草反欺凌政策草案的原因，该草案已被校方采纳。这种措施表明，研究结束后，工作可以继续开展(O’Brien, 2014)。

为“为你研究”提供的培训是根据项目的需要量身打造的，凯利特(Kellett, 2010)建议给儿童提供通用且深入的培训，让他们可以开展自己的项目，从而扭转儿童权力失衡的局面。在本项目中，儿童在成年人的支持下主导项目，但成年人并没有进行管理。这种权力的转移在第二轮评估的决策过程中很明显。而在第三轮评估中，当“为你研究”与奥布莱恩对参与地点的解释不一致时，这种权力的转移再次体现出来。“为你研究”利用内部信息对研究做出的贡献增加了研究的深度，让我们在了解学校内欺凌问题的整体情况的同时，也了解了每一个参与者独特的叙事。

结　　论

综合三轮评估，我们可以清楚地看到决策和参与不只是最后的那个结果，而是一个产生想法、讨论想法和自由表达的过程。项目的最初目的是让“为你研究”最终主导决策，而成年人只是辅助推进。然而，在接下来共同开展研究并采取实际“行动”(制定反校园欺凌政策)的过程中，成年人和“为你研究”发展着彼此的关系，互惠过程也接踵而来。作为“知情人士”，“为你研究”掌握着宝贵的信息。显然，没有这些信息，研究结果和由此而来的行动将大有不同。

在整个研究过程中，我们尽一切努力分享对过程的控制和权力，包括对数据的解释。在整个评估过程中，权力是可以被分享的，但根据研究活动的背景，权力有时偏向于成年人，有时偏向于青少年研究者。持续评估推动了权力的重新分配，并使成年人和青少年研究者能够随着项目的开展，对研究过程进行批判性反思。

参考文献

Bragg, S., and Fielding, M., 2005. It's an equal thing… It's about achieving together: Student voices and the possibility of a radical collegiality. In: H. Street, and J. Temperley (eds.) *Improving schools through collaborative enquiry*. London: Continuum, 105–135.

Davey, C., 2010. Children's Participation in Decision-making: A Summary Report on Progress made up to 2010. Available from: http://www.participationworks.org.uk/files/webfm/files/npf~/npf_publications/A%20Summary%20Report_jun10.pdf [Accessed 13th January 2014].

Fielding, M., 2004. Transformative approaches to student voice: Theoretical underpinnings, recalcitrant realities. *British Educational Research Journal*, 30 (2), 295–311.

Fitzgerald, R., Graham, A., Smith, A., and Taylor, N., 2009. Children's participation as a struggle over recognition: Exploring the promise of dialogue. In: B. Percy-Smith, and N. Thomas (eds.) *A handbook of children and young people's participation: Perspectives from theory and practice*. London: Routledge, Taylor and Francis Group, 293–305.

Fox, R., 2013. Resisting participation: Critiquing participatory research methodologies with young people. *Journal of Youth Studies*, 16 (8), 986–999.

Hinton, R., 2008. Children's participation and good governance: Limitations of the theoretical literature. *International Journal of Children's Rights*, 16, 285–300.

James, A., 2007. Giving voice to children's voices: Practices and problems, pitfalls and potentials. *American Anthropologist*, 109 (2), 261–272.

Kellett, M., 2010. Small shoes, big steps! Empowering children as active researchers. *American Journal of Community Psychology*, 46, 195–203.

Kellett, M., Forrest, R., Dent, N., and Ward, S., 2004. 'Just teach us the skills please, we'll do the rest': Empowering ten-year-olds as active researchers. *Children and Society*, 18, 329–343.

Kemmis, S., and McTaggart, R., 1988. *The Action Research Planner*, 3rd ed. Victoria: Deakin University Press.

Kirby, P., Lanyon, C., Cronin, K., and Sinclair, R., 2003. *Building a Culture of Participation: Involving Children and Young People in Policy, Service Planning, De-*

livery and Evaluation: Handbook. London: Department for Education and Skills, [online]. Available from: http://core.ac.uk/download/pdf/9983740.pdf [Accessed 10th February 2015].

Mannion, G., 2007. Going spatial, going relational: why "listening to children" and children's participation needs reframing. *Discourse: Studies in the Cultural Politics of Education*, 28 (3), 405–420.

Mannion, G., 2009. After participation: The socio-spatial performance of intergenerational becoming. In: B. Percy-Smith, and N. Thomas (eds.) *A handbook of children and young people's participation: Perspectives from theory and practice*. London: Routledge, Taylor and Francis Group, 330–342.

McIntyre, A., 2008. *Participatory Action Research. Qualitative Research Methods*, Series 52. Thousand Oaks, CA: A Sage University Paper.

Moules, T., and O'Brien, N., 2012. Participation in perspective: Reflections from research projects. *Nurse Researcher*, 19 (2), 17–22.

O'Brien, N., 2014. "I didn't want to be known as a snitch": Using PAR to explore bullying in a private day and boarding school. *Childhood Remixed*. Conference Edition, February 2014, 86–96.

O'Brien, N., and Moules, T., 2007. So round the spiral again: A reflective participatory research project with children and young people. *Educational Action Research Journal*, 15 (3), 385–402.

O'Brien, N., and Moules, T., 2013. Not sticks and stones but tweets and texts: Findings from a national cyberbullying project. *Pastoral Care in Education*, 31 (1), 53–65.

O'Brien, N., Munn-Giddings, C., and Moules, T., 2017/8. The repercussions of reporting bullying: Some experiences of students at secondary school. *Pastoral Care in Education*, accepted.

O'Kane, C., 2008. The development of participatory techniques: Facilitating children's views about decisions which affect them. In: P. Christensen, and A. James (eds.) 2nd ed. *Research with children: Perspectives and practices*. Oxon: Routledge, 125–155.

Percy-Smith, B., 2015. Negotiating active citizenship: Young people's participation in everyday spaces. In: K. P. Kallio, and S. Mills (eds.) *Politics, citizenship and rights. geographies of children and young people* (7). London: Springer. [online]. Available from: http://eprints.hud.ac.uk/23226/1/Geogs_of_youth_citizenship_Dec18_revised.pdf [Accessed 13th March 2015].

Percy-Smith, B., and Malone, K., 2001. Making children's participation in neighbourhood settings relevant to the everyday lives of young people. *PLA notes*, 42, 18–22.

Raffety, E. L., 2015. Minimizing social distance: Participatory research with children. *Childhood*, 22 (3), 409–422.

Randall, D., 2012. Revisiting Mandell's 'least adult' role and engaging with children's voices in research. *Nurse Researcher*, 19 (3), 39–43.

Sinclair, R., 2004. Participation in practice: Making it meaningful, effective and sustainable. *Children and Society*, 18 (2), 106–118.

Stoudt, B. G., 2009. The role of language & discourse in the investigation of privilege: Using participatory action research to discuss theory. Develop methodology & interrupt power. *Urban Review*, 41, 7–28.

Thomson, P., and Gunter, H., 2009. Students' participation in school change: Action research on the ground. In: S. Noffke, and B. Somekh (eds.) *The SAGE handbook of educational action research.* London: Sage, 409–419.
Tritter, J. Q., and McCallum, A., 2006. The snakes and ladders of user involvement: Moving beyond Arnstein. *Health Policy*, 76 (2), 156–168.
White, S. A., Sadanandan, N. K., and Ashcroft, J., 1994. *Participatory Communication: Working for Change and Development.* New Delhi: Sage Publications.
Winter, R., and Munn-Giddings, C., 2001. *A Handbook for Action Research in Health and Social Care.* London: Routledge.
Woodhead, M., and Faulkner, D., 2008. Subjects, objects or participants? Dilemmas of psychological research with children. In: P. Christensen, and A. James (eds.) 2nd ed. *Research with children: Perspectives and practices.* Oxon: Routledge, 10–39.

第十一章　互惠的社会工作与社会政策
——一些主要结论

已故电影导演德里克·贾曼（Derek Jarman，2001：43）在他的最后一篇日记《慢动作中的微笑》（*Smiling in Slow Motion*）中，对一般的政治进行了反思，并抨击了一些同僚所认为的“前进的步伐”总是通过自上而下的议会立法来实现的这一观点。他评论道：

> ……是一个错误，前进的步伐来自我们生活中的榜样……其目的是打开对话，并由此拓宽视野……

通过这段话，他想传达什么意思呢？毫无疑问，他想传达很多意思，但就本书各章的主题而言，有一个重要信息是关于我们建立的日常关系，以及我们作为社区公民的非正式行为和福利组织中的正式行为。我们发展和处理这些关系的能力可能会加强，也可能会受到现有的不平等和权力失衡的影响。换句话说，这些社会关系对现有理解和实践带来了一定挑战。发展一种互惠社会工作和社会政策的方法，是我们为当前新自由主义和个人主义方法提供替代方案的一种方式。

这种方法的核心强调社会关系，因为社会关系对我们自身的福祉至关重要，关乎我们对生命意义的理解。大量的知识积累足以证明：尽管不同人群对社会关系的看法各异，但不可否认的是，社会关系对健康和福祉具有重要且深远的影响（参见 Antonucci et al.，2014：83）。然而，只拥有社会关系是不够的，这些关系的质量和形式也很重要。如果关系难以为继，或对个人福祉造成负面影响，那么这样的关系只能被视为单边的甚至是残酷的。互惠关系一定建立在相互理解、尊重和信任的基础上，并创造了一种平等的感觉。这种感觉是一个人受到尊重，不需要假装是其他人。

我们在书中有意避免给互惠下一个总体定义，而是为读者提供了不同福利领域和不同文化背景下工作人员的不同解释。本书中的作者对互惠有不同的定义，涉及哲学、方法和经验。虽然他们的定义是针对具体环境的，并且来自一系列不同的理论家（如 Becker, 1990; Bourdieu, 1990; Fiske, 1992; Gouldner, 1960; Kolm, 2008; Sen, 2009），但他们的讨论中有一些共同的主题：

- 在相互依赖的人际关系中，人们能够给予并接受支持。
- 基于自身的优势，人们在这种相互交流中可以提供不同的东西，并承认自身的弱点。也就是说，交流可以是实质性的，也可以是非实质性的。人们以不同的形式给予和索取。
- 在相互平等的关系中，各方都受到公平对待，并感到被倾听。
- 互惠体验与同理心、满足感、爱密切相关。

多种机制、态度和方法被视为建立互惠关系的关键，比如，信任、幽默、共同学习、尊重、开放、同理心和善意，以及有意识地为重新谈判和改进传统做法创造一定空间。本书以不同的方式说明了这些机制的推动者，具体包括在涉及各方的专业工作和研究实践中进行反思、从社区自发的互助网络中甄别互惠实践并加以学习、让案主参与到共同产生社会工作知识的过程中，从而形成政策和实践。实践经验可以重塑传统专业人士和案主之间的关系，拓宽实践空间，更有可能激发互惠关系产生。例如，在研究、教育和实践领域中开展基于小组或社区的服务。政策和实践能成功的重要原因是认识到经验和专业知识既有不同又互补。

本书详细论述了公民的互惠行动，其不仅存在于日常生活中，还存在于不同制度化的实践中。然而，人们及其创造的制度并不总是支持互惠关系，比如，某些制度会造成腐败或裙带关系，因此需要通过民主监管，并基于对社会权利和平等的理解，进行民主决策。这就是为什么需要社会工作和社会政策来促进社会公平，增进公民福祉，并建立公正的社会和健康服务体系的原因。如果从正面理解互惠，它就像一种理想类型或目标，促进社会的集体性和团结性。互惠也可以作为社会工作、社会政策及其实践的社会目标，在某些地点和时间，通过政治决策进行协商。

在关系具有不对称性和等级性的背景下，比如，专业人士与案主之间、研究者与受访者之间、学生与老师之间、儿童与成年人之间，互惠是一个特别重要且有趣的概念。所有这些关系都具有权力分配不平等的特征，但为了执行互惠性的政策、增进个人的福祉，有必要对这些关系进行严格审查。由于互惠性实践具有双向流动的特征，必然会直接挑战传统的等级秩序。依赖者通常被描述为“接受者”而不是“给予者”，对于他们而言，互惠特别重要。在本书中，多位作者描述了在若干情景中，相关“风险”如何阻碍平等关系实现的过程。遗憾的是，在公共话语中，接受帮助的人往往被打上了耻辱烙印。此外，“拾荒”“寄生”和“负担”等流行话语对改善社会行为者之间的关系更是毫无帮助的。

那么，在专业或正式关系中有可能增进互惠吗？比如，案主可能会说他们的声音没有被听到，他们能感觉到专业人士只将照顾他们视为工作职责所在，而不是像朋友那样照顾他们、聆听他们的想法。理解互惠的本质为社会工作和社会政策提供了一种可能性，即理解不平等或社会问题是如何在社区环境中产生的。这有助于承认很多难题应该是共同解决的，而不是依靠个人。如果社会工作专业化和社会政策实践向互惠的方向发展，那么它们至少要在专业方法上做出两种不同的改变。

首先，有必要进一步在专业人士与案主之间建立平等关系。只有当互惠建立在平等意识基础上时，人们才会根据自己的理由去帮助他人。这要求专业人士与案主接触，与他们一起应对生活中的挑战，而不是从固定的专业立场看待他们。即使在需要社会工作者优先考虑弱势群体(如儿童)的利益这一挑战性情况下，也仍然需要对案主保持足够的关心和理解。双方可以相互学习，感受并表现出同理心，对他人产生尊重、兴趣和信任。当专业关系是互惠的，它就赋予了专业人士和案主权力。双方都有一种感觉，即他们作为拥有自己的知识和经验的人受到重视。他们共同做出决定并尊重对方。意见可能并不总是一致的，但有感到被理解的可能性。

其次，在理解互惠的集体性方面，迫切需要那些以社区为基础的服务和方法，因为它们重视人们自身解决问题和寻找解决方案的能力。有时，个人的支持就足够了，但通常情况下，困难(如感到孤独或受到欺凌)的本质是基于社区的，往往需要共同的努力。在这些情况下，应该有更多的方式支持社区中的个人，并与有相似生活经历的社区合作。通过这种方式，人们可以感觉到，他们并不是独自面对困难，可以与他人分享自己的经验或兴趣。创建不同类型的帮助小组和支持社区不仅是社会或卫生服务问题，还对跨专业、整个社区的规划有影响。这就要求基于已有资源，开展尊重人们意愿的专业服务，探索与人们及其社区合作的方式。

正如我们在整本书中所看到的，互惠是一种基本的人类哲学和实践，在不同的历史时期和文化背景下有不同的形式。这是一个哲学框架中的核心概念，以各种形式表现在个人和社区之间的共同行动和信任中。它既“普通”又“深刻”。从积极实践的意义上讲，互惠是深刻的，它增进了人们的平等和福祉。它利用人们的资源和技能，突出他们的优势，并承认他们的弱点。它提供了一个促进相互依存、相互尊重和共同学习的愿景，并使我们摆脱个人主义的健康和社会照料模式，转向一种集体愿景，即了解和定位不同网络（家庭、朋友、同伴和社区）中的人。它支持的政策和实践模式不仅利用个人的优势和资源，还利用集体的优势和资源。以赋能和相互尊重作为出发点的做法，能够帮助人们提升能动性和获取资源的能力。

本书强调，每个人都有可以给予的东西、能够回报并且尊重他人，这对个人的福祉和尊严至关重要。在未来，我们还需要对互惠开展更多的定性和定量研究，特别要重点关注互惠体验中的双向性、福利服务中的接受和给予。此外，未来我们在实践、研究和教育中要多加使用协作和创造性的方法，在相互学习的过程中共同创造出更多的专业知识和经验。

参考文献

Antonucci, T. C., Ajrouch, K. J., and Birditt, K. S., 2014. The Convoy Model: Explaining Social Relations from a Multidisciplinary Perspective. Special Issue: Remembering Our Roots. *The Gerontologists*, 54, (1), 82–92.

Becker, L. C., 1990. *Reciprocity*. London: Routledge & Kegan Paul.

Bourdieu, P., 1990. *In Other Words*. Stanford: Stanford University Press.

Fiske, A. P., 1992. The Four Elementary Forms of Sociality: Framework for a Unified Theory of Social Relations. *Psychological Review*, 99 (4), 689–723.

Gouldner, A. W., 1960. The Norm of Reciprocity: A Preliminary Statement. *American Sociological Review*, 25 (2), 161–178.
Jarman, D., 2001. *Smiling in Slow Motion*. London: Vintage.
Kolm, S. E., 2008. *Reciprocity. An Economics of Social Relations*. Cambridge: Cambridge University Press.
Sen, A., 2009. *The Idea of Justice*. London: Penguin Books.

译 后 记

近两年，我一直从事关于我国家庭化迁移中的代际支持与福利态度项目的研究，特别关注流动人口家庭的代际互惠关系及其可持续性问题。虽然社会学对代际关系中的互惠讨论不少，但从社会工作和社会政策的角度探讨互惠关系的理论和实践依然不充分，而基于国际视野介绍国外互惠概念、理论和发展情况的研究也不太多。于是，我欣然承担了这本书的翻译工作。出乎意料的是，在翻译完这本书后，我意识到互惠是一个普遍存在、解释力强，但在学术研究中还有待进一步发展、丰富的重要视角。国内外研究者需要进一步拓宽对互惠概念的理解，发展基于互惠视角的理论模型。这本书可以为后续研究提供一定的理论基础。

本书除了尝试对互惠的概念和理论进行多维度呈现，还尝试介绍一些如何将互惠关系运用于社会工作实践和教学中的经验方法。书中特别谈到服务关系在本质上依然存在权力不平等的问题，如何在兼顾专业性的同时，打破这种地位不平等的关系，从案主的角度理解其需要，进而更好地满足其需要，可能是专业人士在提供服务时需要重点反思的问题。

无论如何，这本书让我看到了从互惠关系去理解和分析社会工作、社会政策中主体关系的可能性，也让我知道了发展互惠关系可能是利用集体主义方法解决未来中国老龄化困境的重要方式之一。正如作者认为的那样，互惠关系将一直是政策和学术界关注的重要议题。

黄叶青

写于 2021 年 11 月

内容提要

abstract

在本书中，作者通过解读互惠这一概念，分析了互惠在福利政策和社会照料实践中的应用，并借此理解互惠行为如何增进公民福祉。这些公民不仅包括案主，也包括社会工作者、研究者、参与者、老师、学生等。在本书中，来自不同国家和实践领域的作者为我们提供了多种理解互惠的视角。本书分为三个部分。第一部分围绕互惠概念和理论展开讨论。第二部分探讨了当公民在面临个人问题和社会问题时，互惠关系能发挥的作用；重点关注了实践和社区环境中的互惠；通过案例说明了社会工作者和案主互惠的可能性，并揭示了在权力失衡的情况下互惠的可能性。第三部分探讨了互惠和参与式方法在研究和教育实践中的重要性。